IM NEBEL

DES SELBST

Dein Fenster zur Klarheit

Cem Gercek

Inhaltsverzeichnis

Vorwort

Herzlich willkommen zu einem neuen Kapitel auf unserer gemeinsamen Reise! Nachdem mein erstes Buch, Pflanzliche Kraftstoffe, über Monate hinweg die Bestsellerlisten auf Amazon angeführt hat, fühlte ich mich inspiriert, in ein neues, ebenso bedeutsames Thema einzutauchen: Motivation.

Vielleicht fragen Sie sich, warum ein Autor, der sich bisher mit Naturheilkunde beschäftigt hat, nun ein Buch über persönliche Entwicklung und Motivation schreibt. Die Antwort ist einfach: Motivation ist der Treibstoff des Lebens. Sie ist das unsichtbare Feuer, das uns antreibt, unsere Träume zu verfolgen, Ziele zu erreichen und das Beste aus uns herauszuholen.

Ich habe festgestellt, dass viele Menschen, trotz bester Absichten, Schwierigkeiten haben, ihre Vorsätze in die Tat umzusetzen. Ob es darum geht, regelmäßig Sport zu treiben, sich gesund zu ernähren oder einfach nur jeden Morgen mit Energie aufzuwachen – oft fehlt der letzte Funke, der uns in Bewegung setzt. Dieses Buch soll dieser Funke sein.

In den kommenden Seiten werden wir gemeinsam die Geheimnisse der Motivation ergründen, praktische Strategien entdecken und inspirierende Geschichten hören. Es wird nicht nur darum gehen, was Sie tun können, sondern auch darum, wie Sie es schaffen, die nötige innere Stärke zu entwickeln, um diese Dinge zu tun.

Es ist an der Zeit, den inneren Motor zu starten und das Leben in die Hand zu nehmen. Dieses Buch ist Ihre persönliche Einladung, sich selbst neu zu entdecken, Grenzen zu überwinden und ein erfülltes, aktives Leben zu führen. Lassen Sie uns gemeinsam den ersten Schritt tun und den Funken der Motivation in ein loderndes Feuer verwandeln!

Ich lade Sie ein, sich auf diese spannende Reise zu begeben und den Antrieb zu finden, den Sie schon immer gesucht haben. Jetzt ist der Moment, um loszulegen und die beste Version Ihrer selbst zu werden. Ich würde mich freuen, wenn Sie die QR Codes oben einscannen und mir bei Tiktok und Instagram folgen, denn dort teile ich die neusten Informationen und Videos. Lassen Sie uns anfangen!

Die häufigsten Fehler, die uns zurückhalten

Bevor wir uns auf den Weg der Veränderung und Selbstverbesserung begeben, ist es wichtig, die Hindernisse zu erkennen, die uns auf diesem Weg begegnen. Jeder, der dieses Buch in die Hand nimmt, hat seine eigenen Herausforderungen und Probleme, doch oft haben diese Probleme eine gemeinsame Wurzel. Es sind die Fehler, die viele von uns machen, ohne es überhaupt zu bemerken. Lasst uns diese Fehler offenlegen, damit wir sie gemeinsam überwinden können.

1. Die Bequemlichkeit: Der stille Feind des Fortschritts

Bequemlichkeit ist verlockend. Es ist leicht, sich auf die Couch zu setzen und die Dinge einfach geschehen zu lassen. Doch Bequemlichkeit ist ein stiller Feind, der uns davon abhält, unser wahres Potenzial zu entfalten. Jeder von uns hat diese Momente erlebt, in denen die Faulheit gesiegt hat. "Ich fange morgen an," sagen wir uns, aber dieser Morgen kommt nie.

Die Wahrheit ist: Bequemlichkeit führt zu Stillstand, und Stillstand ist das Gegenteil von Wachstum. Wer sich nicht erhebt, wer die bequeme Wahl trifft, bleibt auf der Stelle stehen, während das Leben an ihm vorbeizieht.

Was du tun kannst: Mache dir kleine, erreichbare Ziele und setze dir feste Zeiten, um sie zu erreichen. Überwinde die Bequemlichkeit Schritt für Schritt, indem du dich selbst motivierst und dir bewusst machst, was auf dem Spiel steht.

2. Ungesunde Ernährung: Der unsichtbare Feind

Deine Ernährung beeinflusst nicht nur deinen Körper, sondern auch deine Psyche. Wer sich ständig von Fast Food und Zucker ernährt, wird nicht nur körperlich, sondern auch mental darunter leiden. Ungesunde Ernährung kann zu einer Vielzahl von Problemen führen, darunter Fettleibigkeit, Diabetes, Depressionen und Angstzustände. Es ist wie Gift, das sich langsam in deinem Körper ausbreitet und dich von innen heraus zerstört.

Was du tun kannst: Beginne damit, bewusst zu essen. Achte auf frische, nährstoffreiche Lebensmittel und meide verarbeitete Produkte. Eine gesunde Ernährung wird nicht nur deinen Körper, sondern auch deinen Geist stärken.

3. Dein Umfeld: Freunde oder Feinde?

Das Umfeld, in dem du dich bewegst, hat einen enormen Einfluss auf dein Leben. Es gibt Menschen, die dich unterstützen und an dich glauben, aber es gibt auch jene, die dir insgeheim nichts gönnen und dich zurückhalten wollen. Wahre Freunde erkennt man erst, wenn man am Abgrund steht – wenn man nichts zu bieten hat und dennoch Unterstützung erfährt.

Doch oft bleiben wir aus Bequemlichkeit oder Angst in toxischen Beziehungen, die uns mehr schaden als nützen. Diese Menschen rauben uns Energie, ziehen uns runter und hindern uns daran, unser volles Potenzial zu entfalten.

Was du tun kannst: Umgib dich mit Menschen, die dich inspirieren, motivieren und an dich glauben. Lerne, toxische Beziehungen zu erkennen und dich von ihnen zu lösen, auch wenn es schwer fällt.

4. Stress: Der unsichtbare Killer

Stress ist allgegenwärtig, ob in der Arbeit, im Privatleben oder durch äußere Einflüsse wie Social Media. Wir scrollen durch unendliche Videos auf TikTok, anstatt unseren Frieden im Schlaf zu finden oder produktiv zu sein. Wir leben in einem ständigen Zustand der Überforderung, ohne uns bewusst zu sein, dass Stress uns langsam, aber sicher zerstört.

Zu wenig Zeit in der Natur, ständige Erreichbarkeit, und das Gefühl, immer für andere da sein zu müssen, tragen zusätzlich zum Stress bei. Und was tun wir dagegen? Meistens nichts.

Was du tun kannst: Lerne, bewusst Pausen einzulegen und dich zu entspannen. Finde Aktivitäten, die dir wirklich Freude bereiten und dich zur Ruhe kommen lassen. Verbringe mehr Zeit in der Natur, schalte das Handy aus und nimm dir Zeit für dich selbst.

5. Der fehlende Sport: Dein Körper braucht Bewegung

Viele Menschen finden Ausreden, warum sie keinen Sport machen können: "Ich habe keine Zeit," "Mein Job ist anstrengend genug," oder "Ich bin einfach nicht der sportliche Typ." Doch am Ende werden all diese Ausreden uns einholen. Ohne Bewegung verkümmert unser Körper, unsere Gesundheit leidet und wir riskieren ernsthafte Krankheiten.

Der Körper ist wie ein Motor, der regelmäßig gepflegt und gewartet werden muss. Ohne Bewegung wird er rosten und schließlich versagen.

Was du tun kannst: Setze dir kleine, erreichbare Ziele für körperliche Aktivität. Ob ein täglicher Spaziergang, Yoga am Morgen oder eine Runde Joggen – es geht nicht darum, ein Athlet zu werden, sondern deinem Körper die Bewegung zu geben, die er braucht.

6. Der falsche Partner: Himmel oder Hölle?

Ein Partner kann entweder der größte Segen oder der schlimmste Fluch in deinem Leben sein. Ein Partner sollte dich unterstützen, dich aufbauen und dir das Gefühl geben, wertgeschätzt und geliebt zu werden. Doch was, wenn das Gegenteil der Fall ist? Was, wenn dein Partner dich terrorisiert, dich verachtet und dir keinen Respekt entgegenbringt?

Manchmal bleiben wir in Beziehungen, weil wir Angst vor dem Alleinsein haben oder weil wir glauben, dass wir es nicht besser verdienen. Doch das Leben ist zu kurz, um in einer Beziehung zu verharren, die uns zerstört.

Was du tun kannst: Sei mutig und stelle dich der Realität. Wenn dein Partner dich nicht respektiert oder dich unglücklich macht, ist es Zeit, Konsequenzen zu ziehen. Du verdienst es, in einer Beziehung zu sein, die dich glücklich macht und dir gut tut. Lass nicht zu, dass ein Mensch dein Leben zur Hölle macht.

Abschließende Gedanken

Bevor wir in die Tiefe der Veränderung gehen, ist es wichtig, diese grundlegenden Fehler zu erkennen und zu verstehen, wie sie uns zurückhalten. Dies ist dein Leben, und du hast die Macht, es zu verändern. Lass dich nicht von Bequemlichkeit, ungesunder Ernährung, einem toxischen Umfeld, Stress, fehlendem Sport oder einem falschen Partner zurückhalten. Diese Herausforderungen sind nicht unüberwindbar – sie sind die ersten Hürden auf dem Weg zu einem erfüllteren, glücklicheren Leben.

Lektion des Lebens: Aus Fehlern lernen, aber nicht stillstehen

Das Leben ist wie eine endlose Autobahn, auf der wir ständig unterwegs sind. Wir haben die Freiheit, Ausfahrten zu nehmen, um neue Wege zu erkunden oder uns gelegentlich zu verirren. Doch manchmal treffen wir eine falsche Entscheidung, und plötzlich erscheint der Rückweg unmöglich weit. Es ist ein schmerzhaftes Gefühl, das viele von uns kennen – die Frage: "Was wäre gewesen, wenn...?"

Ich erinnere mich an meine eigenen Fehler. Fehler, die mich verfolgt haben wie ein Schatten, der mich nicht losließ. Einer dieser Fehler war eine Fehlentscheidung, die wie eine Kettenreaktion weitere Ereignisse auslöste. Was wäre aus meinem Leben geworden, wenn ich damals nicht diese eine Ausfahrt genommen hätte? Wäre ich heute ein gemachter Mann? Hätte ich die Liebe meines Lebens an meiner Seite? Diese hypothetischen Fragen können einen in den Wahnsinn treiben. Doch das ist die bittere Wahrheit: Selbst wenn es besser gewesen wäre, es ist vorbei. Es ist entscheidend, sich nicht in der Vergangenheit zu verlieren, denn das führt nur zu Selbstzerstörung.

Das ewige Grübeln über vergangene Fehler kann uns in eine Spirale der Negativität ziehen. Man beginnt, sich selbst zu bestrafen, projiziert die Fehler von damals in die Zukunft und malt sich alles schwarz. Dieser Kreislauf macht uns zu eigenen Feinden, zu Energievampiren, die sich selbst auslaugen. Wer zu viel denkt, erleidet früher oder später Panikattacken. Das Gehirn wird darauf konditioniert, pessimistisch zu denken, und das wirkt sich auf alle Lebensbereiche aus – sei es in der Schule, im Beruf oder bei der

Verwirklichung unserer Träume.

Doch warum tun wir uns das an? Warum lassen wir zu, dass ein einziger Fehler unser ganzes Leben bestimmt? Es ist menschlich, Fehler zu machen. Die größten Denker und erfolgreichsten Menschen der Geschichte haben ihre eigenen Bürden zu tragen. Das Leben ist viel zu kurz, um sich selbst zu bestrafen. Jeder Sommer, jedes Jahr vergeht im Flug. Wie viele Sommer hast du noch in deinem Leben? Und wie viele davon möchtest du damit verschwenden, dich selbst zu quälen?

Schau in den Spiegel und erkenne, wer du wirklich bist. Sag dir jeden Tag, wie großartig du bist und was du alles erreichen kannst. Selbstreflektion durch Notizen sind auch wichtig (siehe Lektion unten) Wenn du dir täglich einredest, dass du ein Versager bist, wirst du es irgendwann auch glauben und danach handeln. Doch wenn du wirklich daran glaubst, dass du besser sein kannst, dann ändere dein Verhalten. Denn Taten sind mächtiger als Worte. Aber vor den Taten stehen die Worte: Worte formen unsere Gedanken, und aus Gedanken entstehen Taten.

Vielleicht hast du lange Zeit nur auf der Couch gesessen, Chips gegessen und Netflix geschaut. Aber wenn du abnehmen und vitaler werden willst, musst du aufstehen und handeln. Zu erwarten, dass sich etwas ändert, ohne selbst etwas zu verändern, ist Wahnsinn. Überwinde deinen inneren Schweinehund! Du bist derjenige, der dein Leben bestimmt, nicht deine Faulheit.

Nun, lass uns zu den Fehlern kommen, die ich gemacht habe. Ich zog mich zurück, distanzierte mich von Freunden und wurde zu jemandem, den ich kaum noch erkannte. Ich begann, mich selbst als Loser zu sehen und griff zu Cannabis, um den Schmerz zu betäuben. Es war eine dunkle Zeit, in der ich mich selbst zerstörte. Ich hatte mich in eine Lüge gefangen, die ich mir selbst eingeredet hatte. Die Menschen um mich herum akzeptierten mich so, wie ich war – ein Verlierer. Doch sie waren keine Freunde, sondern nur Zweckgemeinschaften. Sie wollten mich unten halten, denn so fühlten sie sich selbst besser.

Doch eines Tages erkannte ich, dass ich mich ändern musste. Ich begann, mich von diesen negativen Einflüssen zu distanzieren. Jeden Tag stand ich vor dem Spiegel und sagte mir, wer ich wirklich bin. Ich erkannte, dass ich immer die Chance hatte, es besser zu machen. Es war nie zu spät. Ja, ich hatte wertvolle Jahre verloren, aber es war eine wertvolle Lektion. Ich wurde stärker, weil ich durch diese Dunkelheit gegangen bin. Es ist nicht einfach, sich zu ändern. Es ist verdammt schwer. Aber es ist nicht unmöglich. Selbst wenn die Chancen gering sind, warum nicht jeden Tag etwas tun, um diese Chancen zu verbessern?

Wir sind Menschen, wir machen Fehler. Aber das Wichtigste ist, dass wir uns selbst verzeihen und im Hier und Jetzt leben. Lerne, dich selbst zu respektieren und distanziere dich von Menschen, die dich herunterziehen. Wenn du dich nicht selbst respektierst, wie sollen es andere tun?

Und so habe ich es geschafft. Trotz aller Widrigkeiten und Fehler habe ich mein Leben in die Hand genommen und meine Ziele erreicht. Ja, es hat Zeit gekostet, aber das ist in Ordnung. Denn am Ende des Tunnels gibt es Licht. Und dieses Licht ist die Erkenntnis, dass du immer die Chance hattest, dein Leben zu ändern. Du musst es nur erkennen und danach handeln.

Jeder, der dir Ratschläge gibt, hat wahrscheinlich selbst viele Fehler gemacht. Frag jemanden, der viele Fehler gemacht hat, denn er kann dir sagen, wie man es richtig macht. Denn aus unseren Fehlern lernen wir, wie wir es besser machen können. Am Ende ist es das, was zählt.

Und so möchte ich dir sagen: Egal wie dunkel die Zeiten erscheinen mögen, es gibt immer einen Weg ins Licht. Glaube an dich selbst, sei mutig und handle. Du hast die Macht, dein Leben zu verändern. Nutze sie.

15

Eine Reise zur gesunden Ernährung: Der Weg aus der Junkfood-Falle

Es war einmal ein Mensch, der sich in der Welt des Junkfoods verloren hatte. Tag für Tag griff er nach den verlockenden Versuchungen der schnellen und ungesunden Mahlzeiten. Burger, Pommes, Chips und Softdrinks waren seine ständigen Begleiter. Es schien einfach und bequem, und er dachte nie daran, dass diese Gewohnheiten seinen Körper langsam zerstörten. Doch eines Tages traf ihn die Erkenntnis wie ein Blitz: Er fühlte sich müde, träge und ungesund. Sein Körper schrie nach Veränderung, und er wusste, dass es an der Zeit war, eine Entscheidung zu treffen – eine Entscheidung für ein besseres Leben.

Der Weg zur gesunden Ernährung war kein leichter. Es war eine Herausforderung, die viel Mut und Durchhaltevermögen erforderte. Der Gedanke, auf all die vertrauten Komfortgerichte zu verzichten, schien überwältigend. Aber tief in seinem Inneren wusste er, dass er etwas ändern musste. Es war eine Reise, die mit kleinen Schritten begann, aber am Ende ein neues Leben versprach – ein Leben voller Energie, Gesundheit und Wohlbefinden.

Der erste Schritt auf dieser Reise war die Bewusstwerdung. Er begann, die Inhaltsstoffe seiner Lebensmittel zu hinterfragen und sich über die Auswirkungen von Zucker, gesättigten Fetten und künstlichen Zusatzstoffen zu informieren. Es war schockierend zu erkennen, wie sehr diese ungesunden Elemente sein Wohlbefinden beeinträchtigt hatten. Doch mit dieser Erkenntnis kam auch die Entschlossenheit, etwas zu verändern.

Er entschied sich, kleine, aber wirkungsvolle Schritte zu unternehmen. Zunächst reduzierte er den Konsum von Softdrinks und ersetzte sie durch Wasser und ungesüßten Tee. Diese einfache Änderung machte einen großen Unterschied. Er fühlte sich hydratisierter und weniger aufgebläht. Es war ein kleiner Sieg, der ihm den Mut gab, weiterzumachen.

Der nächste Schritt war die Einführung von mehr frischen Lebensmitteln in seine Ernährung. Obst und Gemüse, die er früher selten gegessen hatte, wurden nun zu einem festen Bestandteil seiner Mahlzeiten. Er entdeckte die Vielfalt und den Geschmack, den natürliche Lebensmittel bieten können. Anstatt sich von Fertiggerichten und Tiefkühlpizza zu ernähren, begann er, einfache und gesunde Gerichte selbst zu kochen. Es war nicht nur gesünder, sondern auch eine kreative und erfüllende Erfahrung.

Natürlich gab es Rückschläge. Der Weg zur gesunden Ernährung war gespickt mit Versuchungen und Herausforderungen. Es gab Tage, an denen der Heißhunger auf Pizza oder Schokolade überwältigend war. Aber anstatt sich selbst zu verurteilen, wenn er einmal schwach wurde, lernte er, sich zu vergeben und wieder auf den richtigen Weg zu finden. Er verstand, dass es nicht darum ging, perfekt zu sein, sondern darum, kontinuierlich Fortschritte zu machen.

Eine der größten Herausforderungen war es, alte Gewohnheiten zu durchbrechen. Er erkannte, dass der Schlüssel zur Veränderung darin lag, neue, gesündere Gewohnheiten zu entwickeln. Er setzte sich klare Ziele und belohnte sich für seine Erfolge. Zum Beispiel belohnte er sich mit einem neuen Kochbuch, wenn er eine Woche lang gesunde Mahlzeiten gekocht hatte. Diese kleinen Belohnungen hielten ihn motiviert und halfen ihm, auf Kurs zu bleiben.

Er entwickelte auch Strategien, um den Heißhunger auf ungesunde Snacks zu bekämpfen. Anstatt zu Chips zu greifen, bereitete er gesunde Alternativen wie Gemüsesticks mit Hummus oder frisches Obst vor. Diese gesunden Snacks waren nicht nur nahrhaft, sondern auch lecker und sättigend. Er lernte, dass es möglich ist, gesunde und schmackhafte Alternativen zu finden, die seinen Körper nährten, anstatt ihn zu belasten.

Ein weiterer wichtiger Aspekt seiner Reise war das Bewusstsein für Portionsgrößen. Früher hatte er oft ohne nachzudenken gegessen, bis er völlig überfüllt war. Jetzt lernte er, auf die Signale seines Körpers zu hören und nur so viel zu essen, wie er wirklich brauchte. Er erkannte, dass es nicht darum ging, sich zu überessen, sondern darum, den Körper mit den notwendigen Nährstoffen zu versorgen.

Die Umstellung auf eine gesunde Ernährung war eine Reise voller Herausforderungen, aber auch voller Entdeckungen und Erfolge. Er begann, sich energiegeladener und vitaler zu fühlen. Seine Haut wurde klarer, und er verlor überschüssiges Gewicht. Aber das Wichtigste war, dass er ein neues Gefühl der Kontrolle und Zufriedenheit über sein Leben verspürte. Er hatte gelernt, dass er die Macht hatte, seine Gesundheit und sein Wohlbefinden zu verbessern.

Am Ende dieser Reise erkannte er, dass die größte Herausforderung nicht darin bestand, auf ungesundes Essen zu verzichten, sondern sich selbst zu respektieren und die richtige Wahl zu treffen. Es war eine Reise, die ihn lehrte, dass jeder von uns die Fähigkeit hat, sein Leben zu verändern. Es erfordert Mut, Entschlossenheit und die Bereitschaft, neue Wege zu gehen. Aber am Ende wartet das Licht – die Belohnung für all die Anstrengungen und die Gewissheit, dass man immer die Chance hatte, etwas Besseres zu wählen.

Für diejenigen, die sich auf diese Reise begeben möchten, gibt es einige praktische Strategien:

1. **Setze klare und erreichbare Ziele**: Starte mit kleinen Veränderungen und baue sie nach und nach aus. Ein Ziel könnte sein, täglich eine Portion Gemüse mehr zu essen oder eine Woche lang keinen Zucker zu konsumieren.

2. **Plane deine Mahlzeiten im Voraus**: Vermeide spontane ungesunde Entscheidungen, indem du deine Mahlzeiten planst und gesunde Optionen vorbereitest.

3. **Finde gesunde Alternativen**: Ersetze Junkfood durch gesündere Optionen, die dir schmecken. Experimentiere mit neuen Rezepten und Zutaten.

4. **Höre auf deinen Körper**: Achte auf Hunger- und Sättigungssignale und iss bewusst.

5. **Sei geduldig und verzeih dir selbst**: Veränderungen brauchen Zeit, und Rückschläge sind normal. Verurteile dich nicht, sondern mach weiter.

6. **Setze Bitterstoffe ein,** damit dein Körper nicht mehr nach Junkfood schreit

Diese Strategien können helfen, den Weg zur gesunden Ernährung leichter zu machen. Es ist eine Reise, die sich lohnt, denn sie führt zu einem gesünderen, glücklicheren Leben.

Und das Wichtigste: Sie zeigt uns, dass wir die Kontrolle über unser eigenes Wohlbefinden haben. Jeder Schritt, den wir in die richtige Richtung machen, bringt uns näher zu unserem Ziel. Bleib stark, bleib entschlossen und glaube an dich selbst. Am Ende dieser Reise wartet ein neues Leben voller Energie und Gesundheit auf dich.

Einsamkeit: Der stille Begleiter und die Chance zur Erneuerung

Einsamkeit ist ein Gefühl, das uns alle irgendwann im Leben heimsucht. Es ist ein Zustand, den viele von uns fürchten, weil er uns mit unseren tiefsten Ängsten konfrontiert: dem Gefühl, nicht dazu zu gehören, unwichtig zu sein oder gar vergessen zu werden. Doch Einsamkeit ist nicht nur ein Feind – sie kann auch eine Quelle der Stärke, der Klarheit und des Neuanfangs sein.

Der falsche Trost in Gesellschaft

Wir Menschen sind soziale Wesen, geschaffen für Gemeinschaft und Verbundenheit. Doch diese natürliche Neigung kann uns manchmal in die Irre führen. Zu oft bleiben wir in Beziehungen – sei es zu Freunden oder Partnern – die uns nicht guttun. Wir ertragen ihre Gesellschaft, obwohl wir tief in uns wissen, dass sie uns nicht wertschätzen, nicht unterstützen und nur ihre eigenen Bedürfnisse im Blick haben. Warum? Weil die Angst vor der Einsamkeit größer erscheint als die Qual, in einer toxischen Beziehung zu verharren.

Es ist einfacher, sich mit den falschen Menschen zu umgeben, als allein zu sein. Aber ist das wirklich die bessere Wahl? Die Zeit, die du mit Menschen verbringst, die dich nicht wirklich lieben oder respektieren, ist vergeudete Zeit. Zeit, die du niemals zurückbekommen wirst. Zeit, die du hättest nutzen können, um wahre Freundschaften zu finden, um dich selbst besser kennenzulernen oder um den richtigen Partner zu finden.

Was du tun kannst: Frage dich ehrlich, ob die Menschen in deinem Leben dir wirklich guttun. Ziehe klare Grenzen und sei mutig genug, dich von jenen zu trennen, die dir nicht guttun. Es mag schmerzhaft sein, aber es ist ein notwendiger Schritt, um Raum für die richtigen Menschen zu schaffen.

Die Stärke, mit Einsamkeit umzugehen

Viele Menschen bleiben in ungesunden Beziehungen, weil sie Angst haben, allein zu sein. Einsamkeit kann beängstigend sein, besonders in einer Welt, die ständig verbunden und vernetzt ist. Doch Einsamkeit kann auch ein Geschenk sein. Sie gibt dir die Möglichkeit, dich selbst besser kennenzulernen, deine eigenen Bedürfnisse und Wünsche zu entdecken und unabhängiger zu werden.

Einsamkeit zwingt dich, auf dich selbst zu hören, anstatt dich ständig von anderen ablenken zu lassen. Sie kann dir die Klarheit geben, die du brauchst, um zu erkennen, was du wirklich willst – in deinem Leben, in deinen Beziehungen und in deiner Zukunft.

Was du tun kannst: Lerne, die Einsamkeit zu akzeptieren und sie als Chance zu sehen, dich selbst besser kennenzulernen. Nutze diese Zeit, um neue Hobbys zu entdecken, Bücher zu lesen, die dich inspirieren, oder einfach nur in Ruhe nachzudenken. Einsamkeit ist kein Zustand, den du fürchten musst – sie ist eine Phase des Wachstums.

Die Suche nach wahren Verbindungen

In der heutigen Zeit gibt es unzählige Möglichkeiten, neue Menschen kennenzulernen – sei es durch soziale Medien, Apps oder gemeinsame Aktivitäten. Doch es ist wichtig, diese Verbindungen mit Bedacht zu wählen. Nicht jeder, den du triffst, wird ein wahrer Freund oder Partner sein. Doch die Suche ist es wert. Jeder neue Mensch, den du triffst, bringt die Möglichkeit mit sich, eine wertvolle und bereichernde Beziehung zu entwickeln.

Ich erinnere mich an eine Zeit, in der ich mich ebenfalls einsam fühlte. Ich hatte viele sogenannte Freunde, aber als ich sie wirklich brauchte, war niemand da. Diese Erkenntnis war schmerzhaft, aber sie gab mir die Kraft, mich von diesen Menschen zu lösen und Platz für neue, echte Verbindungen zu schaffen. Und ja, ich habe Menschen gefunden, die mich unterstützen, die mir zuhören und die mich so akzeptieren, wie ich bin.

Was du tun kannst: Nutze die Möglichkeiten, die sich dir bieten, um neue Menschen kennenzulernen. Sei offen für neue Erfahrungen, aber achte darauf, dass du dich nicht wieder in ungesunde Beziehungen begibst. Lerne, auf dein Bauchgefühl zu hören und vertraue darauf, dass die richtigen Menschen in dein Leben treten werden.

Die Freiheit, dich selbst zu wählen

Letztendlich ist die Entscheidung, ob du dich mit falschen Menschen umgibst oder die Einsamkeit wählst, eine Frage der Selbstachtung. Du bist wertvoll, und deine Zeit ist kostbar. Wenn du deine eigene Gesellschaft nicht schätzt, wie kannst du erwarten, dass andere dich schätzen? Die wahre Freiheit liegt darin, dich selbst zu wählen – in guten wie in einsamen Zeiten.

Was du tun kannst: Wähle dich selbst. Sei dir bewusst, dass es in Ordnung ist, allein zu sein, wenn das bedeutet, dass du dich von toxischen Menschen befreist. Du wirst feststellen, dass du viel stärker bist, als du dachtest, und dass wahre, wertvolle Verbindungen oft dann entstehen, wenn du dich selbst respektierst und liebst.

Abschließende Gedanken

Einsamkeit ist nicht das Ende der Welt – sie ist ein Teil des Lebens, den wir alle erfahren, und der uns wachsen lässt. Sie gibt uns die

Chance, uns selbst besser kennenzulernen, uns von falschen Menschen zu befreien und Platz für echte, erfüllende Verbindungen zu schaffen. Also, sei mutig. Wähle die Einsamkeit, wenn es bedeutet, dass du dich selbst wählst. Denn am Ende des Tages bist du dein bester Freund – und das ist mehr wert, als jede ungesunde Beziehung, die dich zurückhält.

Schon immer der sein, der man sein wollte: Vom Träumen zum Handeln

Träume sind das Fundament unseres Seins. Sie treiben uns an, inspirieren uns und geben uns eine Vorstellung davon, wer wir sein könnten. Doch allzu oft bleiben diese Träume genau das: Träume. Sie verweilen in den verborgenen Ecken unseres Geistes, unberührt und unerfüllt, weil wir den entscheidenden Schritt nicht wagen – den Schritt vom Träumen zum Handeln.

Wir alle haben eine Vorstellung davon, wer wir sein möchten. Vielleicht träumst du davon, einen durchtrainierten Körper zu haben, einen Sixpack, der deine harte Arbeit und Disziplin widerspiegelt. Oder du stellst dir vor, wie du fließend eine neue Sprache sprichst, dich in fremden Ländern mühelos verständigst und die Kultur in ihrer Tiefe erlebst. Vielleicht träumst du davon, einmal um die Welt zu reisen, atemberaubende Landschaften zu sehen und die Welt mit eigenen Augen zu entdecken. Doch was passiert? Diese Träume bleiben oft unerfüllt, weil der erste Schritt nie gemacht wird.

Der Abstand zwischen Traum und Realität

Der größte Unterschied zwischen denen, die ihre Träume verwirklichen, und denen, die weiterhin nur davon träumen, ist einfach: Die einen handeln, die anderen nicht. Viele Menschen verharren in einem Zustand des "Eines Tages werde ich...", doch dieser Tag kommt nie. Sie bleiben stecken in der Komfortzone des Nichtstuns, aus Angst vor dem Aufwand, der mit der Verwirklichung ihrer Träume verbunden ist.

Aber hier liegt das Geheimnis: Arbeit. Jeder, der seine Träume verwirklicht hat, hat einen Preis dafür bezahlt – den Preis von Zeit, Energie und oft auch Verzicht. Doch diese Arbeit ist es, die den Unterschied macht. Sie ist die Brücke, die den Traum von der Realität trennt.

Was du tun kannst: Setze dir konkrete Ziele und erarbeite einen Plan, wie du sie erreichen kannst. Fang klein an – ein Schritt nach dem anderen. Jeder noch so kleine Fortschritt bringt dich deinem Traum näher.

Vom Wollen zum Machen: Die Macht des ersten Schritts

Der erste Schritt ist immer der schwierigste. Es ist der Moment, in dem du dich entscheidest, nicht länger nur zu träumen, sondern zu handeln. Vielleicht hast du das Gefühl, dass der Weg zu lang ist, dass es zu viele Hindernisse gibt. Doch dieser erste Schritt, so klein er auch sein mag, hat eine ungeheure Macht. Er setzt eine Kettenreaktion in Gang, die dich Schritt für Schritt näher an dein Ziel bringt.

Stell dir vor, du möchtest endlich den Körper bekommen, von dem du träumst. Der erste Schritt könnte so einfach sein wie ein Spaziergang um den Block oder das Ersetzen einer ungesunden Mahlzeit durch eine gesündere Alternative. Dieser kleine Anfang bringt Schwung in dein Vorhaben. Plötzlich merkst du, dass es gar nicht so schwer ist, dass du Fortschritte machst – und das motiviert dich, weiterzumachen.

Was du tun kannst: Setze dir ein realistisches, erreichbares Ziel für den heutigen Tag. Es kann so einfach sein wie zehn Minuten Sport oder eine Seite in einem Sprachlehrbuch lesen. Wichtig ist, dass du beginnst. Dieser kleine Erfolg wird dich motivieren, weiterzumachen.

Die Kunst des Durchhaltens

Träumen ist einfach. Der Anfang ist aufregend. Doch der wahre Test kommt, wenn die anfängliche Euphorie nachlässt und der Weg steiniger wird. Es gibt Tage, an denen du keine Lust hast, weiterzumachen. Tage, an denen der Traum plötzlich nicht mehr so verlockend erscheint, weil der Aufwand so groß ist. Doch genau an diesen Tagen entscheidet sich, ob du wirklich der werden kannst, der du sein möchtest.

Durchhalten ist eine Kunst. Es erfordert Disziplin, Selbstmotivation und vor allem die Fähigkeit, auch dann weiterzumachen, wenn der Fortschritt langsam und mühsam erscheint. Doch jede Herausforderung, die du überwindest, stärkt dich und bringt dich deinem Ziel näher.

Was du tun kannst: Entwickle Routinen und Rituale, die dir helfen, auch an schwierigen Tagen dranzubleiben. Belohne dich für deine Erfolge, und erinnere dich immer wieder daran, warum du diesen Weg gegangen bist.

Die Freude am Prozess

Ein häufiges Missverständnis ist, dass der Erfolg das Erreichen des Ziels ist. Doch wahre Erfüllung liegt oft im Prozess selbst. Der Weg, den du gehst, die Hindernisse, die du überwindest, und die Fortschritte, die du machst – all das formt dich und gibt deinem Leben Sinn und Tiefe.

Die Freude am Prozess zu entdecken, bedeutet, sich nicht nur auf das Endziel zu fixieren, sondern jeden Schritt auf dem Weg dorthin zu schätzen. Es ist der Moment, in dem du erkennst, dass die Arbeit, die du investierst, nicht nur eine Pflicht ist, sondern auch eine Quelle von Stolz und Zufriedenheit.

Was du tun kannst: Lerne, jeden kleinen Fortschritt zu feiern. Schätze die Momente, in denen du dich selbst übertriffst, in denen du merkst, dass du stärker, klüger und entschlossener geworden bist. Genieße den Prozess, denn er ist es, der dich wirklich verändert.

Abschließende Gedanken

Träume sind der Beginn jeder großartigen Reise. Aber sie bleiben nur Träume, wenn du nicht den Mut hast, den ersten Schritt zu machen. Es liegt in deiner Hand, der zu werden, der du immer sein wolltest. Es wird nicht einfach sein, und es wird Arbeit erfordern. Aber jeder Schritt, den du gehst, bringt dich näher an dein Ziel.

Warte nicht länger. Der beste Moment, um anzufangen, ist jetzt. Nimm deinen Traum und mach ihn zu deinem Ziel, und dann arbeite daran, bis er Wirklichkeit wird. Denn am Ende des Tages liegt der Unterschied zwischen dem, der du bist, und dem, der du sein möchtest, nur in einem: dem Willen, es zu tun.

Die Stärke des Glaubens: Die Macht der Überzeugung und wie sie dein Leben verändert

Glaube ist eine der stärksten Kräfte, die den menschlichen Geist formen können. Wenn ein Mensch von etwas überzeugt ist, kann ihn kaum etwas aufhalten. Dieser Glaube – sei es an sich selbst, an eine Idee, an eine höhere Macht oder an das Gute im Menschen – verleiht uns die Kraft, Herausforderungen zu meistern und über uns hinauszuwachsen. Doch der Glaube kann uns nicht nur stärken, sondern auch schwächen, wenn er in die falsche Richtung gelenkt wird.

Der Glaube an sich selbst: Dein mächtigster Verbündeter

Hast du jemals von dem Placebo-Effekt gehört? Er ist ein faszinierendes Beispiel dafür, wie stark der Glaube wirklich sein kann. In medizinischen Studien werden Menschen oft in zwei Gruppen aufgeteilt: Die eine Gruppe erhält ein echtes Medikament, die andere nur eine wirkungslose Pille – das Placebo. Doch erstaunlicherweise berichten viele Menschen in der Placebo-Gruppe, dass sich ihre Beschwerden verbessert haben, obwohl sie kein echtes Medikament eingenommen haben. Warum? Weil sie geglaubt haben, dass sie ein wirksames Mittel erhalten haben.

Dieser Effekt zeigt, dass unser Verstand eine immense Macht hat. Wenn wir an unsere Fähigkeiten glauben, können wir fast alles erreichen. Wenn du dir einredest, dass du besser bist als andere in einer bestimmten Fähigkeit und dafür hart arbeitest, wird dein Gehirn tatsächlich effizienter lernen und Informationen besser verarbeiten. Dein Glaube an dich selbst schafft eine positive

Rückkopplungsschleife, die dich weiterbringt.

Was du tun kannst: Nutze den Glauben an dich selbst als Werkzeug. Sage dir immer wieder, dass du fähig, stark und intelligent bist. Visualisiere deinen Erfolg und arbeite darauf hin, als wäre er bereits Realität. Diese mentale Einstellung wird dich nicht nur motivieren, sondern auch deine tatsächlichen Fähigkeiten verbessern.

Die dunkle Seite des Glaubens: Wenn Überzeugungen uns blockieren

Doch wie bei jedem mächtigen Werkzeug gibt es auch eine Kehrseite. Ein schwacher Glaube, der sich auf negative Überzeugungen stützt, kann ebenso stark sein, aber in die entgegengesetzte Richtung wirken. Wenn du fest daran glaubst, dass bestimmte Umstände dir schaden, wird dein Gehirn diese Überzeugung nutzen, um Angst und Panik zu erzeugen. Dein Verstand kann körperliche Symptome hervorrufen, nur weil du davon überzeugt bist, dass etwas Schlimmes passieren wird.

Dies ist ein Grund, warum Menschen mit einer schwachen Psyche anfälliger für Panikattacken und Angstzustände sind. Ihre Überzeugungen über die Welt um sie herum sind so stark, dass sie tatsächlich körperliche Reaktionen hervorrufen können, die diese Überzeugungen bestätigen.

Was du tun kannst: Sei dir der Macht deiner Gedanken bewusst. Wenn du merkst, dass negative Überzeugungen dich beherrschen, halte inne und hinterfrage sie. Gibt es wirklich einen Grund für deine Angst? Kannst du die Situation aus einer anderen Perspektive sehen? Indem du negative Gedanken durch positive und realistische Überzeugungen ersetzt, kannst du dein mentales Wohlbefinden stärken.

Der Glaube in der Gemeinschaft: Religiöse Überzeugungen

und ihre Kraft

Religiöser Glaube ist ein weiteres mächtiges Beispiel dafür, wie Überzeugungen unser Leben formen können. Studien zeigen, dass religiöse Menschen oft einen entspannteren Umgang mit den Herausforderungen des Lebens haben und eine stabilere Psyche aufweisen. Der Glaube an etwas Höheres, an einen göttlichen Plan oder an die Nächstenliebe kann ein starkes Gefühl von Sicherheit und Sinn vermitteln.

Religiöser Glaube öffnet oft Türen zu Dankbarkeit, Mitgefühl und der Bereitschaft, anderen zu helfen. Diese Praktiken schaffen nicht nur ein Gefühl von Zufriedenheit, sondern stärken auch die Gemeinschaft und das Gefühl der Zugehörigkeit.

Was du tun kannst: Selbst wenn du nicht religiös bist, kannst du die Prinzipien von Dankbarkeit, Mitgefühl und Gemeinschaft in dein Leben integrieren. Überlege dir, wie du anderen helfen kannst, sei es durch Spenden, Freiwilligenarbeit oder einfach durch freundliche Gesten. Die positiven Auswirkungen auf dein eigenes Wohlbefinden werden nicht lange auf sich warten lassen.

Der bleibende Eindruck: Gute Taten und ihr Vermächtnis

Glaube hat auch die Kraft, über dein eigenes Leben hinauszuwirken. Indem du an etwas glaubst und handelst, kannst du ein Vermächtnis hinterlassen, das lange nach deinem Tod weiterlebt. Stell dir vor, du lässt einen Brunnen in einem Dorf bauen, das keinen Zugang zu sauberem Wasser hat. Diese Tat ist nicht nur eine konkrete Hilfe für Menschen in Not, sondern auch ein Symbol für deinen Glauben an Menschlichkeit und Nächstenliebe.

Selbst wenn du nicht mehr auf dieser Welt bist, bleibt dein Name mit dieser Tat verbunden. Dein Glaube, umgesetzt in Handlung, schafft etwas von bleibendem Wert, das andere inspiriert und das

Leben vieler Menschen verbessert.

Was du tun kannst: Denke darüber nach, wie du durch deine Taten einen positiven Einfluss auf die Welt haben kannst. Ob klein oder groß, jede Handlung, die aus einem positiven Glauben heraus entsteht, hat das Potenzial, etwas Nachhaltiges zu bewirken.

Abschließende Gedanken

Glaube ist eine der mächtigsten Kräfte, die uns zur Verfügung stehen. Er kann uns erheben, uns über uns hinauswachsen lassen und uns helfen, das Unmögliche zu erreichen. Doch er kann uns auch in die Irre führen, wenn er auf negativen Überzeugungen basiert. Nutze die Kraft des Glaubens weise – glaube an dich selbst, glaube an das Gute in der Welt und setze deinen Glauben in Taten um. Denn am Ende des Tages ist es dein Glaube, der die Welt um dich herum formen wird.

Der falsche Partner: Wenn Liebe blind macht und das Leben schwer wird

Liebe – sie ist das stärkste Gefühl, das uns Menschen antreibt. Sie kann uns auf Wolke sieben schweben lassen, uns inspirieren und das Beste in uns hervorbringen. Doch Liebe kann auch blind machen. Sie kann uns dazu verleiten, in einer Beziehung zu bleiben, die uns nicht guttut, die uns einschränkt und schadet. Wenn wir uns in der falschen Beziehung befinden, kann das unser gesamtes Leben negativ beeinflussen.

Die Illusion der Liebe: Wenn wir uns selbst täuschen

Zu Beginn einer Beziehung ist alles aufregend und neu. Wir sehen unseren Partner durch die rosarote Brille und übersehen oft die roten Flaggen, die auf Probleme hinweisen könnten. Kleine Macken erscheinen uns charmant, Konflikte werden als normal abgetan, und wir klammern uns an die Hoffnung, dass sich alles von selbst regeln wird. Doch was passiert, wenn die anfängliche Verliebtheit nachlässt? Oft erkennen wir erst dann, dass wir in einer Beziehung gefangen sind, die uns nicht erfüllt und uns sogar schadet.

Liebe kann uns blind machen – blind für die Realität, blind für die Tatsache, dass wir uns selbst aufgeben, um die Beziehung am Leben zu erhalten. Wir übersehen die Anzeichen, dass wir nicht zusammenpassen, weil wir glauben wollen, dass Liebe alles überwinden kann. Doch das ist eine gefährliche Täuschung.

Was du tun kannst: Nimm dir regelmäßig Zeit, um deine Beziehung ehrlich zu reflektieren. Frage dich, ob du wirklich glücklich bist, ob du dich in der Beziehung weiterentwickelst oder ob du dich eingeengt und unzufrieden fühlst. Sei ehrlich zu dir selbst, auch wenn es weh tut.

Die Anzeichen einer falschen Beziehung

Es gibt bestimmte Anzeichen, die darauf hindeuten, dass du dich in einer falschen Beziehung befindest. Diese Anzeichen können subtil sein, aber sie sind wichtig, um sie zu erkennen, bevor sie sich zu größeren Problemen entwickeln.

Einschränkung der persönlichen Freiheit: In einer gesunden Beziehung sollten beide Partner genügend Raum haben, ihre eigenen Interessen und Hobbys zu verfolgen, während sie gleichzeitig Rücksicht auf die Gefühle und Wünsche des anderen nehmen. Gegenseitige Rücksichtnahme ist ein wichtiger Bestandteil jeder Beziehung.

Fehlender Respekt: Respekt ist die Grundlage jeder Beziehung. Wenn dein Partner dich regelmäßig herabsetzt, deine Meinung nicht ernst nimmt oder dich ständig kritisiert, dann fehlt der Respekt, der für eine gesunde Beziehung notwendig ist.

Unterschiedliche Lebensziele: Manchmal lieben sich zwei Menschen, haben aber völlig unterschiedliche Vorstellungen vom Leben. Wenn ihr euch in grundlegenden Fragen – wie Kinderwunsch, Karriere oder Lebensstil – uneinig seid, kann das langfristig zu unüberbrückbaren Differenzen führen.

Emotionale Abhängigkeit: Wenn du das Gefühl hast, dass du ohne deinen Partner nicht leben kannst, oder wenn du dein ganzes Selbstwertgefühl von dieser Beziehung abhängig machst, ist das ein Zeichen für emotionale Abhängigkeit. In einer gesunden Beziehung sollte jeder Partner in der Lage sein, auch ohne den anderen glücklich und erfüllt zu sein.

Ständige Konflikte: Wenn ihr bereits zu Beginn der Beziehung häufig in Streit geratet und keine gemeinsame Lösung findet, ist das ein ernstes Warnsignal. Je mehr sich die ungelösten Probleme häufen, desto belastender wird die Beziehung. Es mag schmerzhaft sein, einen Schlussstrich zu ziehen, aber es ist noch schmerzhafter, eine Beziehung fortzusetzen, die zum Scheitern verurteilt ist. Jeder Streit kostet nicht nur Nerven, sondern auch wertvolle Zeit, die ihr nie zurückbekommt. Versucht, eure Differenzen konstruktiv zu lösen, bevor sie zu unüberwindbaren Hindernissen werden. Doch wenn ihr immer wieder an den gleichen Themen scheitert, ist es an der

Zeit, der Realität ins Auge zu sehen. Belügt euch nicht selbst, sondern erkennt, wann es besser ist, loszulassen, bevor die Probleme und der Schmerz weiter wachsen.

Was du tun kannst: Achte auf diese Anzeichen und sei bereit, die Realität anzuerkennen. Es ist besser, frühzeitig zu handeln, als in einer Beziehung zu verharren, die dir schadet. Denke daran, dass du es wert bist, in einer Beziehung zu sein, die auf Respekt, Freiheit und gemeinsamen Werten basiert.

Der Preis einer falschen Beziehung

Eine falsche Beziehung kann erhebliche Auswirkungen auf dein Leben haben. Sie kann deine geistige und körperliche Gesundheit beeinträchtigen, dein Selbstbewusstsein zerstören und dich in einem Zustand ständiger Unzufriedenheit und Frustration halten. Viele Menschen verharren in solchen Beziehungen aus Angst vor dem Alleinsein, aus Gewohnheit oder weil sie glauben, dass sie keinen besseren Partner finden werden.

Doch der Preis, den du zahlst, ist hoch. Du opferst deine Träume, deine Freiheit und dein Wohlbefinden, nur um in einer Beziehung zu bleiben, die dir nicht guttut. Langfristig kann dies zu ernsthaften psychischen Problemen wie Depressionen, Angstzuständen und einem Verlust des Selbstwertgefühls führen.

Was du tun kannst: Überlege dir, was dir wichtiger ist: die Sicherheit einer ungesunden Beziehung oder das Potenzial, alleine oder in einer gesünderen Beziehung glücklich zu sein. Hab den Mut, loszulassen, wenn du erkennst, dass die Beziehung dich nicht erfüllt.

Der Mut, die richtigen Entscheidungen zu treffen

Den falschen Partner zu verlassen, ist nie einfach. Es erfordert Mut, die Komfortzone zu verlassen und sich der Unsicherheit zu stellen, die mit dem Alleinsein oder der Suche nach einem neuen Partner einhergeht. Doch dieser Mut wird belohnt. Wenn du bereit bist, die richtigen Entscheidungen zu treffen und dich von einer ungesunden Beziehung zu lösen, eröffnest du dir die Möglichkeit, eine Beziehung zu finden, die wirklich zu dir passt.

Liebe sollte dich nicht einschränken oder zerstören. Sie sollte dich ermutigen, dein bestes Selbst zu sein, dir Raum geben, zu wachsen, und dich in deinem Leben unterstützen. Wenn du feststellst, dass deine Beziehung all das nicht bietet, ist es an der Zeit, über Veränderungen nachzudenken.

Was du tun kannst: Nimm dir Zeit, um zu heilen und dich selbst wiederzufinden. Setze klare Standards für zukünftige Beziehungen und sei bereit, den richtigen Partner zu suchen, anstatt dich mit dem falschen zufrieden zu geben.

Abschließende Gedanken

Liebe ist mächtig, aber sie kann uns auch in die Irre führen, wenn wir uns von ihr blenden lassen. Es ist wichtig, realistisch und ehrlich mit uns selbst zu sein, wenn es um unsere Beziehungen geht. Wenn du erkennst, dass du dich in einer falschen Beziehung befindest, habe den Mut, die nötigen Schritte zu unternehmen. Du verdienst es, in einer Beziehung zu sein, die dich respektiert, dich wachsen lässt und dich wirklich glücklich macht. Lass dich nicht von der Angst vor dem Alleinsein oder von falscher Loyalität zurückhalten – du bist es wert, geliebt zu werden, und zwar auf die richtige Weise.

Ein Held und eine Prinzessin

Es war einmal ein junger Mann, der an das Schicksal glaubte. Er glaubte, dass jeder Mensch auf dieser Welt eine Bestimmung hat und dass es für jeden eine wahre Liebe gibt. Er war überzeugt, dass das Universum Wege finden würde, ihn zu der Person zu führen, die für ihn bestimmt war. Und eines Tages traf er sie – seine große Liebe.

Sie war wunderschön, klug und charmant. Ihre Augen funkelten wie Sterne in einer klaren Nacht, und ihr Lächeln war wie ein warmer Sonnenstrahl an einem kalten Wintertag. Er wusste sofort, dass sie etwas Besonderes war. Ihre Gespräche waren tiefgründig und inspirierend, und er fühlte sich lebendig, wenn er in ihrer Nähe war. Es schien, als ob das Universum endlich seine Fäden gesponnen hatte, um sie zusammenzubringen.

Doch wie es oft im Leben ist, waren die Dinge nicht so einfach, wie sie schienen. Der junge Mann war unsicher und voller Selbstzweifel. Obwohl er wusste, dass er sie liebte, wagte er es nicht, ihr seine Gefühle zu gestehen. Stattdessen hörte er auf die Worte seiner Freunde, die ihm rieten, vorsichtig zu sein und sich nicht zu sehr zu öffnen. Sie warnten ihn davor, verletzt zu werden, und er ließ sich von ihren Worten beeinflussen.

So begann ein Spiel aus Zurückhaltung und Missverständnissen. Er versteckte seine wahren Gefühle hinter einer Fassade aus Gleichgültigkeit, während sein Herz in Wirklichkeit nach ihr schrie. Er wollte sie nicht verlieren, aber seine Angst vor Zurückweisung hielt ihn zurück. Und so begann sich eine unsichtbare Mauer zwischen ihnen aufzubauen, die mit jedem Tag höher wurde.

Eines Tages, als sie zusammen auf einer Bank im Park saßen, sprach sie über ihre Träume und Hoffnungen. Sie erzählte ihm von ihren Ängsten und Zweifeln, und er hörte aufmerksam zu. Es war ein intimer Moment, in dem er das Gefühl hatte, dass sie ihm näher war als je zuvor. Doch anstatt seine Chance zu nutzen, schwieg er. Die Worte blieben ihm im Hals stecken, und er konnte nicht über seinen Schatten springen.

Die Zeit verging, und ihre Wege trennten sich. Sie ging ihren eigenen Weg, und er blieb zurück, allein mit seinen unausgesprochenen Gefühlen. Er beobachtete aus der Ferne, wie sie glücklich wurde, während er in der Dunkelheit seiner eigenen Unsicherheit versank. Er fühlte sich wie ein Narr, der eine goldene Gelegenheit verpasst hatte. Er fragte sich, was hätte sein können, wenn er den Mut gehabt hätte, seine Liebe zu gestehen.

Doch das Leben geht weiter, und es bringt uns immer wieder neue Lektionen. Der junge Mann erkannte, dass er sich selbst im Weg gestanden hatte. Er hatte sich von seinen Ängsten und Zweifeln leiten lassen, anstatt seinem Herzen zu folgen. Er hatte die Liebe seines Lebens verloren, weil er nicht den Mut hatte, ehrlich zu sein. Aber anstatt sich selbst zu bemitleiden, beschloss er, aus dieser Erfahrung zu lernen.

Er begann, an sich selbst zu arbeiten. Er stellte sich seinen Ängsten und lernte, offen über seine Gefühle zu sprechen. Er erkannte, dass das Leben zu kurz ist, um sich von der Angst leiten zu lassen. Er lernte, dass es besser ist, für etwas zu kämpfen, das einem wichtig ist, als es unversucht zu lassen. Und mit dieser neuen Einstellung begann er, sein Leben zu verändern.

Jahre später traf er sie wieder. Sie war inzwischen verheiratet und hatte ein Kind. Sie sah glücklich aus, und das erfüllte ihn mit Freude. Er wusste, dass er eine wichtige Lektion gelernt hatte – eine Lektion über Liebe, Mut und Selbstakzeptanz. Er verstand, dass

Liebe nicht immer bedeutet, den anderen zu besitzen, sondern ihm das Beste zu wünschen, auch wenn es bedeutet, ihn loszulassen.

Er sah sie an und lächelte. Es war ein Moment des Friedens, ein Moment der Erkenntnis. Er wusste, dass er nun bereit war, die Liebe in sein Leben zu lassen. Die Liebe, die er verdient hatte, und die Liebe, die ihn finden würde, wenn die Zeit reif war.

Denn Liebe ist nicht nur ein Gefühl; sie ist eine Entscheidung. Eine Entscheidung, mutig zu sein, offen zu sein und das Risiko einzugehen, verletzt zu werden. Sie lehrt uns, ehrlich zu sein und unsere wahren Gefühle zu zeigen. Und manchmal lehrt sie uns, dass wir die wahren Helden unserer eigenen Geschichten sind. Helden, die durch ihre Fehler lernen, wachsen und letztendlich finden, was sie suchen.

So endete die Geschichte des jungen Mannes nicht in Trauer, sondern in Hoffnung. Hoffnung auf ein neues Kapitel, auf neue Möglichkeiten und auf die unerschütterliche Überzeugung, dass am Ende immer Licht ist – wenn wir den Mut haben, es zu sehen und ihm zu folgen.

Lektion des Lebens: Die Freiheit der Vergebung – Nicht nachtragend sein

Das Leben ist eine Reise voller Begegnungen und Beziehungen. Auf dieser Reise erfahren wir Freude und Schmerz, Liebe und Enttäuschung. Doch eine der größten Herausforderungen, der wir uns stellen müssen, ist das Loslassen von Groll und das Nicht-Nachtragen von vergangenen Verletzungen.

Die Last des Grolls

Nachtragend zu sein ist wie das Tragen eines schweren Rucksacks voller Steine. Jeder Stein repräsentiert eine Verletzung, einen Groll oder eine Enttäuschung. Dieser Rucksack wird mit der Zeit immer schwerer und belastet uns mehr, als wir vielleicht wahrhaben wollen. Der Groll hält uns gefangen und hindert uns daran, frei und glücklich zu leben.

Ich erinnere mich an eine Zeit, als ich selbst einen solchen Rucksack voller Groll mit mir herumtrug. Jemand, dem ich vertraute, hatte mich tief verletzt. Anstatt den Schmerz loszulassen, hielt ich an ihm fest, wie an einem kostbaren Schatz. Ich dachte, dass mein Groll mich schützen würde, doch in Wirklichkeit war es eine Last, die mich niederdrückte und mein Herz verhärtete.

Die Kraft der Vergebung

Vergebung ist der Schlüssel zur Befreiung von dieser Last. Es bedeutet nicht, dass wir die Verletzungen gutheißen oder vergessen sollen, sondern dass wir uns entscheiden, nicht länger von ihnen beherrscht zu werden. Vergebung ist ein Akt der Selbstbefreiung und der Heilung.

1. Vergebung beginnt mit Selbstliebe: Um anderen vergeben zu können, müssen wir zuerst uns selbst vergeben. Wir sind oft unsere härtesten Kritiker. Erkenne, dass es menschlich ist, Fehler zu machen, und dass du es verdienst, dich selbst zu lieben und zu akzeptieren.

2. Empathie entwickeln: Versuche, die Perspektive des anderen zu verstehen. Oft verletzt uns jemand, weil er selbst verletzt ist. Empathie hilft uns, Mitgefühl zu entwickeln und den Weg zur Vergebung zu ebnen.

3. Die Entscheidung zur Vergebung: Vergebung ist eine bewusste Entscheidung. Es ist ein Prozess, der Zeit braucht. Aber jeder Schritt, den du in Richtung Vergebung gehst, ist ein Schritt in Richtung Freiheit.

4. Loslassen lernen: Halte nicht an den negativen Gefühlen fest. Lass sie los und erlaube dir selbst, zu heilen. Visualisiere, wie du den Rucksack voller Steine ablegst und dich leichter und freier fühlst.

Die Vorteile des Nicht-Nachtragens

Nicht nachtragend zu sein hat viele positive Auswirkungen auf unser Leben:

Emotionale Freiheit: Du wirst feststellen, dass du dich leichter und freier fühlst, wenn du den Groll loslässt. Dein Herz wird sich öffnen und Platz für positive Gefühle schaffen.

Bessere Beziehungen: Vergebung stärkt deine Beziehungen. Sie fördert Vertrauen und Verständnis und schafft eine Grundlage für tiefere und authentischere Verbindungen.

Gesundheitliche Vorteile: Studien haben gezeigt, dass Vergebung positive Auswirkungen auf unsere körperliche und mentale Gesundheit hat. Sie reduziert Stress und fördert ein allgemeines Wohlbefinden.

Innere Stärke: Der Akt der Vergebung stärkt deine innere Kraft. Du erkennst, dass du die Kontrolle über deine Gefühle und dein Leben hast.

Vergebung als Wegweiser

Vergebung ist nicht nur ein Akt der Gnade gegenüber anderen, sondern auch ein Geschenk an uns selbst. Es ist ein Weg, um Frieden in unser Leben zu bringen und unser Herz von der Last des Grolls zu befreien. Denke daran, dass jeder Mensch, den du triffst, seine eigenen Kämpfe kämpft. Vergebung öffnet die Tür zu einem tieferen Verständnis und Mitgefühl.

Schau in den Spiegel und sage dir, dass du frei bist. Frei von der Last des Grolls, frei von der Vergangenheit. Erlaube dir, in der Gegenwart zu leben und die Zukunft mit einem leichten und offenen Herzen zu begrüßen.

Abschließende Gedanken

Das Leben ist zu kurz und kostbar, um es mit Groll und Bitterkeit zu verbringen. Die Entscheidung, nicht nachtragend zu sein, ist ein Schritt in Richtung eines erfüllten und friedlichen Lebens. Es ist eine Entscheidung, die du jeden Tag aufs Neue treffen kannst. Glaube an die Kraft der Vergebung und erlebe die Freiheit, die sie mit sich bringt. Lass los, vergib und lebe dein Leben in voller Schönheit und Freude.

Lektion des Lebens: Kraft der Selbstreflexion durch Notizen

Ein starkes und erfülltes Leben beginnt mit Selbstbewusstsein und Achtsamkeit. Ein mächtiges Werkzeug, das dir dabei helfen kann, ist das Führen von Notizen über deine Gefühle und Gedanken. Ob positiv oder negativ, die tägliche Reflexion über unsere inneren Erfahrungen kann uns helfen, unser geistiges Wohlbefinden zu stärken und unser Leben bewusst zu gestalten.

Warum Notizen machen?

Das Aufschreiben unserer Gedanken und Gefühle hat mehrere Vorteile:

1. **Klarheit und Fokus**: Durch das Niederschreiben klären wir unsere Gedanken und gewinnen eine neue Perspektive.

2. **Selbstbewusstsein stärken**: Indem wir unsere Gefühle dokumentieren, werden wir uns unserer inneren Zustände bewusst und können gezielt daran arbeiten.

3. **Motivation und Zielsetzung**: Positive Gefühle und Ziele aufzuschreiben, hält uns motiviert und fokussiert auf das, was wir erreichen wollen.

Die Methode

1. Notiere deine negativen Gefühle: Am Ende jedes Tages nimm dir Zeit, deine negativen Gefühle und Gedanken aufzuschreiben. Lass alle Sorgen, Ängste und Zweifel aus dir herausfließen und halte sie auf Papier fest. Sobald sie aufgeschrieben sind, kannst du sie objektiv betrachten.

2. Kommentiere und entkräfte die negativen Gedanken: Gehe deine negativen Notizen durch und kommentiere sie kritisch. Frage dich: "Ist das wirklich wahr?" oder "Gibt es Beweise, die das Gegenteil zeigen?" Oftmals entlarven wir durch diesen Prozess irrationale oder übertriebene Ängste. Dies hilft, unser Gehirn neu zu trainieren, indem wir negative Denkmuster durch realistische und positive ersetzen.

Beispiel: Negativer Gedanke: "Ich bin nicht gut genug in meinem Job." Kommentar: "Heute habe ich ein Lob von meinem Kollegen bekommen. Das zeigt, dass meine Arbeit geschätzt wird."

3. Notiere deine positiven Gefühle und Erfolge: Vergiss nicht, auch deine positiven Gefühle und Erfolge des Tages festzuhalten. Was hat dich glücklich gemacht? Worauf bist du stolz? Diese Notizen sind wichtig, um ein positives Selbstbild zu fördern und dich an deine Stärken zu erinnern.

4. Schreibe deine Ziele auf: Halte täglich deine Ziele fest. Was möchtest du erreichen? Welche Schritte sind notwendig, um diese Ziele zu verwirklichen? Indem du deine Ziele schriftlich fixierst, machst du sie greifbarer und bleibst motiviert, sie zu verfolgen.

Beispiel: Ziel: "Ich möchte in den nächsten drei Monaten eine neue Fähigkeit erlernen." Schritte: "1. Recherchieren und einen Online-Kurs finden. 2. Jede Woche zwei Stunden für das Lernen einplanen. 3. Fortschritte regelmäßig überprüfen."

Die Magie des Aufschreibens

Es mag simpel klingen, aber das Aufschreiben deiner Gefühle und Ziele hat eine transformative Kraft. Es ermöglicht dir, bewusst zu leben und dein Leben aktiv zu gestalten. Durch die tägliche Praxis wirst du bemerken, wie sich dein Denken und Fühlen verändert. Du wirst resilienter gegenüber Herausforderungen und optimistischer in Bezug auf deine Möglichkeiten.

Abschließende Gedanken

Unser Geist ist wie ein Garten, der gepflegt werden muss. Indem wir unsere Gedanken und Gefühle regelmäßig notieren und reflektieren, entfernen wir das Unkraut der Negativität und pflanzen die Samen der Positivität und des Wachstums. Diese Praxis ist ein kleiner, aber kraftvoller Schritt, um ein erfülltes und bewusstes Leben zu führen.

Also, nimm dir jeden Tag ein paar Minuten Zeit, um innezuhalten, deine Gedanken aufzuschreiben und dein inneres Selbst zu pflegen. Du wirst erstaunt sein, welche positiven Veränderungen dies mit sich bringt. Glaube an dich selbst, sei achtsam und handle. Dein Leben liegt in deinen Händen – mach das Beste daraus.

Das innere Kind: Der Schlüssel zu deinem wahren Selbst

In jedem von uns lebt ein unschuldiges, kreatives und spielerisches Wesen – unser inneres Kind. Dieses innere Kind ist der Kern unserer Essenz, unserer tiefsten Gefühle und Träume. Leider wird es oft durch die Härten des Lebens verdrängt.

Die verlorene Unschuld

Erinnere dich an die Tage deiner Kindheit. Momente voller

Unbeschwertheit, in denen die Welt ein Ort voller Wunder war und jeder Tag ein Abenteuer. Diese unschuldigen Tage mögen vergangen sein, aber die Erinnerungen und Gefühle leben in dir weiter. Doch mit der Zeit haben Verantwortung, Angst und Schmerz diese unschuldige Freude überdeckt.

Die Wunden des inneren Kindes

Unser inneres Kind trägt auch die Narben vergangener Verletzungen und Enttäuschungen. Diese Wunden manifestieren sich im Erwachsenenleben als Ängste, Unsicherheiten und Selbstzweifel. Um diese Wunden zu heilen und unser volles Potenzial zu entfalten, müssen wir uns mit unserem inneren Kind verbinden.

1. Erkenne und akzeptiere: Beginne damit, dein inneres Kind anzuerkennen und zu akzeptieren. Erinnere dich an deine Kindheit, einschließlich der schönen und schmerzhaften Erlebnisse.

2. Höre deinem inneren Kind zu: Gib deinem inneren Kind eine Stimme. Was möchte es dir sagen? Welche Wünsche, Bedürfnisse und Ängste hat es?

3. Zeige Mitgefühl: Behandle dein inneres Kind mit Liebe und Mitgefühl. Erkenne seinen Schmerz an, vergib ihm und tröste es.

4. Spiel und Kreativität: Erlaube dir, spielerisch und kreativ zu sein. Lass dein inneres Kind durch Aktivitäten, die dir Freude bereiten, wieder zum Leben erwachen. Male, tanze, schreibe oder baue etwas – tue das, was dir als Kind Freude gemacht hat.

Die Heilung des inneren Kindes

Die Heilung deines inneren Kindes ist ein Prozess, der Zeit und Geduld erfordert. Es geht darum, die verlorene Unschuld wiederzufinden und die Wunden der Vergangenheit zu heilen.

Indem du dein inneres Kind heilst, wirst du auch deine eigene Seele heilen.

Diese Verbindung kann dir helfen, dich selbst besser zu verstehen und anzunehmen. Sie kann dir die Freude und Leichtigkeit zurückgeben, die du vielleicht verloren hast. Außerdem schenkt sie dir den Mut und die Kreativität, die du brauchst, um deine Träume zu verwirklichen.

Die Reise zurück zu dir selbst

Unser inneres Kind ist ein mächtiger Führer auf der Reise zurück zu uns selbst. Es zeigt den Weg zu unserem wahren Selbst, zu dem, was uns wirklich glücklich und erfüllt macht. Indem wir uns mit unserem inneren Kind verbinden, bauen wir eine tiefere Verbindung zu uns selbst und zu anderen Menschen auf.

Sieh nicht nur den Erwachsenen im Spiegel, sondern auch das Kind, das du einmal warst und immer noch bist. Umarme dieses Kind mit all seinen Freuden und Schmerzen. Lass es wissen, dass es geliebt und geschätzt wird.

Die Kraft der Atemübung: Dein Schlüssel zu innerer Ruhe und Stärke

In einer Welt, die ständig in Bewegung ist, verlieren wir oft den Kontakt zu unserem inneren Gleichgewicht. Hektik und Stress bestimmen unseren Alltag, und die Momente der Ruhe und Klarheit werden rar. Doch es gibt eine einfache, aber mächtige Technik, die uns helfen kann, wieder zu uns selbst zu finden: die Atemübung.

Der Atem: Deine Lebensquelle

Unser Atem ist mehr als nur ein physischer Prozess. Er ist die Verbindung zwischen Körper und Geist, zwischen Außenwelt und innerem Selbst. Bewusstes Atmen kann uns helfen, Stress abzubauen, den Geist zu klären und unsere innere Stärke zu finden.

Ich erinnere mich an eine Zeit, als der Stress mein Leben beherrschte. Meine Gedanken rasten, mein Herz schlug schneller, und ich fühlte mich ständig überwältigt. Doch dann entdeckte ich die Kraft der Atemübung. Es war, als hätte ich einen Anker gefunden, der mich inmitten des Sturms festhielt.

Die Macht der bewussten Atmung

Atemübungen sind nicht kompliziert, aber ihre Wirkung ist tiefgreifend. Hier ist eine einfache Atemübung, die du jederzeit und überall durchführen kannst:

1. Finde einen ruhigen Ort: Setze dich bequem hin oder lege dich hin. Schließe die Augen und konzentriere dich auf deinen

Atem.

2. Atme tief ein: Atme langsam und tief durch die Nase ein. Fülle deine Lungen vollständig und spüre, wie sich dein Bauch hebt.

3. Halte den Atem an: Halte den Atem für ein paar Sekunden an. Spüre die Energie in deinem Körper.

4. Atme langsam aus: Atme langsam und vollständig durch den Mund aus. Spüre, wie die Anspannung deinen Körper verlässt.

5. Wiederhole: Wiederhole diesen Zyklus mehrmals. Konzentriere dich nur auf deinen Atem und lasse alle anderen Gedanken los.

Die Vorteile der Atemübung

Regelmäßige Atemübungen bieten eine Vielzahl von Vorteilen:

1. **Stressabbau:** Bewusstes Atmen hilft, den Stresspegel zu senken und das Nervensystem zu beruhigen. Du wirst dich entspannter und ruhiger fühlen.

2. **Klarheit und Fokus:** Atemübungen klären den Geist und verbessern die Konzentration. Du wirst klarer denken und fokussierter handeln können.

3. **Emotionale Balance:** Atemübungen helfen, emotionale Schwankungen auszugleichen und ein Gefühl der inneren Harmonie zu finden.

4. **Stärkung des Immunsystems:** Tiefe Atemzüge fördern die Sauerstoffversorgung des Körpers und unterstützen

das Immunsystem.

Atemübungen im Alltag integrieren

Atemübungen sind einfach in den Alltag zu integrieren. Du kannst sie morgens nach dem Aufwachen, während einer kurzen Pause bei der Arbeit oder abends vor dem Schlafengehen durchführen. Sie benötigen nur wenige Minuten, aber ihre Wirkung kann den ganzen Tag anhalten.

1. Morgendliche Routine: Beginne deinen Tag mit ein paar Minuten bewusster Atmung. Dies hilft dir, den Tag ruhig und klar zu beginnen.

2. Arbeitspausen: Nutze kurze Pausen während des Arbeitstages, um ein paar tiefe Atemzüge zu nehmen. Dies kann dir helfen, Stress abzubauen und neue Energie zu tanken.

3. Abendentspannung: Schließe den Tag mit Atemübungen ab, um zur Ruhe zu kommen und besser zu schlafen.

Die Verbindung zu dir selbst stärken

Atemübungen sind mehr als nur eine Technik zur Stressbewältigung. Sie sind ein Weg, um die Verbindung zu dir selbst zu stärken. Indem du dich auf deinen Atem konzentrierst, wirst du dir deiner eigenen Existenz bewusster. Du wirst lernen, in dich hineinzuhorchen und die Signale deines Körpers und Geistes besser zu verstehen.

Zu Abend

In den stillen Stunden der Nacht, wenn die Welt um uns herum zur Ruhe kommt, beginnt oft ein inneres Chaos. Gedanken rasen durch unseren Kopf, Sorgen und Zweifel wirbeln umher, und der ersehnte Schlaf bleibt fern. Dieses ständige Grübeln raubt uns nicht nur den Schlaf, sondern auch unsere Lebensfreude und Energie. Doch es gibt Wege, diese endlose Gedankenspirale zu durchbrechen und in die wohlverdiente Ruhe zu finden.

Das Grübeln: Ein Teufelskreis

Grübeln fühlt sich an wie ein endloser Loop. Ein Gedanke jagt den nächsten, und je mehr wir versuchen, die Gedanken zu kontrollieren, desto intensiver scheinen sie zu werden. Wir denken über Vergangenes nach, sorgen uns um die Zukunft und verlieren uns in hypothetischen Szenarien. Dieser Teufelskreis kann uns nachts wach halten und tagsüber unsere Konzentration beeinträchtigen.

Ich erinnere mich an Nächte, in denen ich stundenlang wach lag und meine Gedanken mich überwältigten. Die Sorgen des Tages, die Aufgaben von morgen – alles schien in der Dunkelheit zu wachsen und mich zu erdrücken. Doch ich fand Wege, dieses Gedankenkarussell zu stoppen und Frieden zu finden.

Bevor du ins Bett gehst, nimm dir ein Notizbuch und schreibe alle Gedanken, Sorgen und To-Dos auf, die dir durch den Kopf gehen. Dies hilft, deinen Geist zu entlasten und die Gedanken aus deinem Kopf auf Papier zu verbannen.

Einschlafen mit Atemtechnik

Schlaflosigkeit kann ein großes Problem sein, besonders wenn die Gedanken rasen und der Körper nicht zur Ruhe kommt. Hier ist eine Atemübung, die speziell darauf abzielt, dir beim Einschlafen zu helfen:

1. 4-7-8 Atemtechnik:

a. Position: Lege dich bequem auf dein Bett und schließe die Augen.

b. Atme ein: Atme ruhig und tief durch die Nase ein, während du bis vier zählst.

c. Halte den Atem: Halte den Atem an, während du bis sieben zählst. Spüre die Ruhe, die sich in deinem Körper ausbreitet.

d. Atme aus: Atme langsam und vollständig durch den Mund aus, während du bis acht zählst. Lasse alle Anspannung los und entspanne dich.

e. Wiederhole: Wiederhole diesen Zyklus viermal. Konzentriere dich nur auf das Zählen und deinen Atem.

Diese Technik hilft, den Geist zu beruhigen und den Körper zu entspannen, was den Übergang in den Schlaf erleichtert. Indem du regelmäßig diese Übung machst, trainierst du dein Nervensystem, sich schneller zu beruhigen und dich auf den Schlaf einzustellen.

Abschließende Gedanken

In einer hektischen Welt ist es leicht, den Kontakt zu sich

selbst zu verlieren. Doch durch bewusste Atemübungen kannst du diesen Kontakt wiederherstellen und stärken. Nimm dir jeden Tag ein paar Minuten Zeit, um dich auf deinen Atem zu konzentrieren. Du wirst erstaunt sein, welche positiven Veränderungen dies in deinem Leben bewirken kann.

Der Atem ist dein treuer Begleiter, der dir Ruhe, Klarheit und Stärke schenkt. Nutze diese einfache, aber kraftvolle Technik, um dein inneres Gleichgewicht zu finden und dein Leben in vollen Zügen zu genießen. Denn wahre Stärke und Gelassenheit kommen von innen – atme tief ein und entdecke sie in dir.

Angst vor dem Versagen: Wie du deine Furcht überwindest und deine Träume verwirklichst

In jedem von uns steckt eine tiefe Sehnsucht, unsere Träume zu verwirklichen und Großes zu erreichen. Doch oft steht uns eine mächtige Kraft im Weg: die Angst vor dem Versagen. Diese Angst ist ein lähmendes Gefühl, das uns zurückhält, unsere Ziele zu verfolgen und unser volles Potenzial auszuschöpfen. Aber was wäre, wenn wir lernen könnten, diese Angst zu überwinden und mutig unseren Weg zu gehen?

Die Natur der Angst vor dem Versagen

Die Angst vor dem Versagen ist tief in uns verwurzelt. Sie ist das Ergebnis von Selbstzweifeln, negativen Erfahrungen und gesellschaftlichem Druck. Wir fürchten uns davor, Fehler zu machen, uns zu blamieren oder die Erwartungen anderer nicht zu erfüllen. Diese Angst kann uns davon abhalten, Risiken einzugehen und neue Herausforderungen anzunehmen.

Ich erinnere mich an eine Zeit, als die Angst vor dem Versagen mein Leben bestimmte. Jeder Schritt nach vorne schien von der Möglichkeit des Scheiterns überschattet zu sein. Doch eines Tages beschloss ich, mich dieser Angst zu stellen und herauszufinden, was auf der anderen Seite liegt. Es war eine Reise voller Entdeckungen und persönlicher Wachstum.

Strategien zur Überwindung der Angst vor dem Versagen

1. Akzeptiere die Angst: Der erste Schritt, um die Angst vor dem Versagen zu überwinden, ist, sie zu akzeptieren. Erkenne, dass Angst eine natürliche Reaktion ist und dass sie Teil des menschlichen Erlebnisses ist. Anstatt die Angst zu verdrängen, nimm sie an und erkenne, dass sie dich nicht definieren muss.

2. Analysiere deine Ängste: Nimm dir Zeit, um deine Ängste zu analysieren. Frage dich, wovor du genau Angst hast. Ist es die Angst vor dem Unbekannten, vor Kritik oder vor dem Verlust von Ansehen? Indem du deine Ängste klar benennst, kannst du sie besser verstehen und ihnen die Macht nehmen.

3. Setze realistische Ziele: Große Ziele können überwältigend sein und die Angst vor dem Versagen verstärken. Setze dir daher realistische und erreichbare Ziele. Teile große Aufgaben in kleinere, überschaubare Schritte auf und feiere jeden kleinen Erfolg auf dem Weg.

4. Lerne aus Fehlern: Fehler sind unvermeidlich und Teil des Lernprozesses. Anstatt dich vor Fehlern zu fürchten, betrachte sie als wertvolle Lektionen. Jeder Fehler bringt dich einen Schritt näher an dein Ziel und macht dich stärker und weiser.

5. Visualisiere deinen Erfolg: Nutze die Kraft der Visualisierung, um deine Angst zu überwinden. Stelle dir vor, wie es sich anfühlt, deine Ziele zu erreichen und erfolgreich zu sein. Diese positive Vorstellung kann dir helfen, deine Ängste zu überwinden und motiviert zu bleiben.

6. Umgebe dich mit Positivität: Umgebe dich mit Menschen, die an dich glauben und dich unterstützen. Positive Einflüsse können dir helfen, deine Ängste zu relativieren und dich zu ermutigen, weiterzumachen.

7. Sei geduldig mit dir selbst: Überwindung der Angst vor dem Versagen ist ein Prozess, der Zeit braucht. Sei geduldig mit dir selbst und erlaube dir, Schritt für Schritt voranzukommen. Jeder kleine Fortschritt ist ein Erfolg.

Die Freiheit des Mutes

Mut ist nicht die Abwesenheit von Angst, sondern die Entscheidung, trotz der Angst zu handeln. Indem du deine Angst vor dem Versagen überwindest, öffnest du die Tür zu neuen Möglichkeiten und persönlichen Wachstum. Du wirst feststellen, dass das Leben voller Chancen ist, wenn du bereit bist, deine Komfortzone zu verlassen und dich den Herausforderungen zu stellen.

Abschließende Gedanken

Die Angst vor dem Versagen ist eine mächtige Kraft, aber sie muss dich nicht beherrschen. Du hast die Fähigkeit, diese Angst zu überwinden und deine Träume zu verwirklichen. Akzeptiere die Angst, analysiere sie, setze dir realistische Ziele und lerne aus deinen Fehlern. Visualisiere deinen Erfolg, umgebe dich mit Positivität und sei geduldig mit dir selbst.

Mutig zu sein bedeutet, trotz der Angst zu handeln. Wage den ersten Schritt, vertraue auf deine Fähigkeiten und lass dich nicht von der Angst vor dem Versagen zurückhalten. Dein Potenzial ist grenzenlos, und die Welt wartet darauf, dass du es entfesselst. Glaube an dich selbst, sei mutig und gehe deinen Weg – denn die größte Belohnung wartet auf der anderen Seite der Angst.

Die Kraft der Dankbarkeit und Selbstliebe: Dein Weg zu einem erfüllten Leben

In einer Welt, die ständig nach mehr strebt – mehr Erfolg, mehr Besitztümer, mehr Anerkennung – vergessen wir oft die einfachen, aber tiefgreifenden Prinzipien, die uns wirklich glücklich machen: Dankbarkeit und Selbstliebe. Diese beiden Säulen sind der Schlüssel zu einem erfüllten und glücklichen Leben. Sie helfen uns, das Leben zu schätzen, wie es ist, und uns selbst als wertvoll und liebenswert zu erkennen.

Die transformative Kraft der Dankbarkeit

Dankbarkeit ist mehr als nur ein höfliches "Danke". Sie ist eine tief verwurzelte Haltung, die uns hilft, das Gute in unserem Leben zu erkennen und zu schätzen. Sie lenkt unseren Fokus weg von dem, was uns fehlt, hin zu dem, was wir bereits haben.

Stell dir vor, du wachst jeden Morgen mit einem Gefühl der Dankbarkeit auf. Du erkennst die Schönheit in den kleinen Dingen – das Lächeln eines geliebten Menschen, die Wärme der Sonne auf deiner Haut, das Dach über deinem Kopf. Dieses Gefühl der Dankbarkeit kann dein Herz öffnen und dich glücklicher und zufriedener machen.

1. Dankbarkeitstagebuch führen: Nimm dir jeden Tag ein paar Minuten Zeit, um in einem Tagebuch aufzuschreiben, wofür du dankbar bist. Diese einfache Praxis kann deine Perspektive verändern und dich daran erinnern, dass es immer etwas gibt, wofür man dankbar sein kann.

2. Dankbarkeit ausdrücken: Zeige deine Dankbarkeit gegenüber anderen. Sag "Danke" und meine es wirklich. Schreibe einen Brief oder eine Nachricht an jemanden, um deine Dankbarkeit auszudrücken. Diese Gesten stärken deine Beziehungen und fördern positive Gefühle.

3. Im Moment leben: Praktiziere Achtsamkeit und sei im gegenwärtigen Moment präsent. Erkenne die kleinen Freuden und Schönheiten, die das Leben bietet. Indem du den Moment bewusst erlebst, entwickelst du eine tiefere Dankbarkeit für das Leben selbst.

Die heilende Kraft der Selbstliebe

Selbstliebe ist kein Egoismus, sondern eine notwendige Grundlage für ein gesundes und erfülltes Leben. Sie bedeutet, sich selbst mit all seinen Fehlern und Unvollkommenheiten anzunehmen und zu lieben. Wenn du dich selbst liebst, strahlst du diese Liebe nach außen aus und ziehst positive Energie in dein Leben.

1. Selbstakzeptanz üben: Akzeptiere dich selbst, wie du bist. Erkenne deine Stärken und Schwächen an und liebe dich trotzdem. Perfektion ist eine Illusion, und wahre Schönheit liegt in der Authentizität.

2. Selbstfürsorge praktizieren: Sorge gut für dich selbst. Das bedeutet, dir Zeit für Ruhe und Erholung zu gönnen, gesunde Ernährung und Bewegung zu fördern und deine mentalen und emotionalen Bedürfnisse zu beachten. Selbstfürsorge ist ein Akt der Selbstliebe.

3. Positive Selbstgespräche führen: Achte auf deine innere

Stimme. Sprich freundlich und unterstützend zu dir selbst, so wie du es zu einem guten Freund tun würdest. Ersetze negative Gedanken durch positive und ermutigende Worte.

Dankbarkeit und Selbstliebe im Alltag integrieren

Die Integration von Dankbarkeit und Selbstliebe in deinen Alltag kann dein Leben transformieren. Hier sind einige einfache Praktiken, die dir dabei helfen können:

1. Morgendliches Ritual: Beginne deinen Tag mit einem Moment der Dankbarkeit. Denke an drei Dinge, für die du dankbar bist, und schreibe sie auf. Diese Praxis setzt einen positiven Ton für den Tag.

2. Abendliche Reflexion: Beende deinen Tag mit einer Selbstliebe-Reflexion. Frage dich, wie du heute gut für dich selbst gesorgt hast und was du morgen tun kannst, um dich noch besser zu behandeln.

3. Achtsamkeitsübungen: Integriere kurze Achtsamkeitsübungen in deinen Alltag. Atme tief ein und aus, spüre deinen Körper und sei dir deiner selbst bewusst. Diese Übungen helfen dir, im Moment zu bleiben und dich selbst zu schätzen.

Abschließende Gedanken

Dankbarkeit und Selbstliebe sind mächtige Werkzeuge, die dir helfen können, ein erfülltes und glückliches Leben zu führen. Sie verändern deine Perspektive und öffnen dein Herz für die Wunder des Lebens. Indem du Dankbarkeit und Selbstliebe in deinen Alltag integrierst, schaffst du eine Basis für wahres Glück und innere Zufriedenheit.

Glaube daran, dass du es wert bist, geliebt und geschätzt zu werden – sowohl von dir selbst als auch von anderen. Erkenne das Gute in deinem Leben und sei dankbar für jeden Moment. Denn das Geheimnis eines erfüllten Lebens liegt nicht im Streben nach mehr, sondern im Schätzen dessen, was bereits da ist.

Die Kunst des Loslassens

Wie du Druck und Stress loswerden und dein Leben genießen kannst

In unserem hektischen Alltag setzen wir uns oft selbst unter Druck. Wir glauben, dass wir ständig produktiv sein müssen, dass wir alles perfekt machen müssen und dass Aufschieben eine Schwäche ist. Doch dieser ständige Druck führt zu Stress, Erschöpfung und Unzufriedenheit. Die Fähigkeit, loszulassen, ist eine mächtige Kunst, die uns helfen kann, ein erfüllteres und entspannteres Leben zu führen.

Der Teufelskreis des Aufschiebens

Aufschieben ist ein weit verbreitetes Phänomen. Wir verschieben Aufgaben auf später, weil sie uns unangenehm erscheinen oder weil wir uns überfordert fühlen. Doch das Aufschieben führt oft zu noch mehr Stress und einem Gefühl der Überwältigung.

Ich erinnere mich an eine Zeit, als ich ständig Dinge aufschob. Mein Zuhause war ein Chaos, meine To-Do-Liste schien endlos und der Druck, alles zu erledigen, wurde immer größer. Dieser Teufelskreis aus Aufschieben und Druck raubte mir die Freude und Energie. Doch ich lernte, loszulassen und einen neuen Umgang mit meinen Aufgaben zu finden.

Strategien zum Loslassen und Stressabbau

1. Realistische Ziele setzen:

Setze dir realistische und erreichbare Ziele. Anstatt zu versuchen, alles auf einmal zu erledigen, teile große Aufgaben in kleinere, überschaubare Schritte auf. Jeder kleine Erfolg gibt dir das Gefühl, voranzukommen und motiviert dich weiter.

2. Prioritäten setzen:

Fokussiere dich auf die wichtigsten Aufgaben und lerne, Unwichtiges loszulassen. Frage dich: Was ist wirklich wichtig? Was kann warten? Indem du Prioritäten setzt, reduzierst du den Druck und konzentrierst dich auf das Wesentliche.

3. Die 2-Minuten-Regel:

Wenn eine Aufgabe weniger als zwei Minuten dauert, erledige sie sofort. Diese einfache Regel hilft, kleine Aufgaben nicht anzuhäufen und den Stress zu reduzieren.

4. Akzeptiere Unvollkommenheit:

Perfektionismus führt oft zu Aufschieben und Stress. Erlaube dir selbst, unvollkommen zu sein. Es ist in Ordnung, Fehler zu machen und nicht alles perfekt zu erledigen. Das Streben nach Perfektion kann lähmend sein, während das Akzeptieren von Unvollkommenheit befreiend wirkt.

Die Kraft des Loslassens

Loslassen bedeutet, sich von überhöhten Erwartungen und dem ständigen Druck zu befreien. Es bedeutet, sich selbst mit Mitgefühl zu begegnen und anzuerkennen, dass du nicht alles kontrollieren kannst. Hier sind einige Schritte, um die Kunst des Loslassens zu meistern:

1. Selbstmitgefühl entwickeln:

Sei freundlich zu dir selbst. Erkenne, dass jeder Mensch Fehler macht und dass es in Ordnung ist, nicht perfekt zu sein. Behandle dich selbst so, wie du einen guten Freund behandeln würdest – mit Liebe und Verständnis.

2. Positive Selbstgespräche führen:

Achte auf deine innere Stimme. Ersetze negative Gedanken durch positive und ermutigende Worte. Sage dir selbst: „Ich tue mein Bestes, und das ist genug." Positive Selbstgespräche können dein Selbstvertrauen stärken und den Druck reduzieren.

3. Rituale der Entspannung:

Integriere Entspannungsrituale in deinen Alltag. Nimm dir Zeit für Aktivitäten, die dir Freude bereiten und dich entspannen. Ob ein Spaziergang in der Natur, ein gutes Buch oder ein entspannendes Bad – diese Rituale helfen, den Stress abzubauen und loszulassen.

4. Vergebung praktizieren:

Vergib dir selbst für vergangene Fehler und verpasste Gelegenheiten. Das Festhalten an Schuldgefühlen und Bedauern belastet dein Herz und deinen Geist. Indem du dir selbst vergibst, öffnest du dich für neue Möglichkeiten und positive Veränderungen.

Abschließende Gedanken

Denke daran, dass du nicht perfekt sein musst, um wertvoll zu sein. Du bist genug, so wie du bist. Nimm dir Zeit, um dich selbst zu schätzen und liebevoll mit dir umzugehen. Denn wahre Erfüllung kommt nicht von außen, sondern aus deinem Inneren. Lerne loszulassen, und entdecke die Freiheit und Leichtigkeit, die in dir steckt.

Schweigen ist Gold: Die Kunst, das Richtige zur richtigen Zeit zu sagen

Es gibt ein altes Sprichwort, das besagt: "Reden ist Silber, Schweigen ist Gold." Dieses Sprichwort hat seine Gültigkeit nicht verloren, insbesondere wenn es um das Wohl unseres Hausfriedens, unserer Beziehungen und unserer beruflichen Integrität geht. In einer Welt, in der Kommunikation allgegenwärtig ist, kann Schweigen eine mächtige und schützende Kraft sein.

Schweigen in Beziehungen: Den Hausfrieden bewahren

In jeder Beziehung gibt es Höhen und Tiefen. Konflikte sind unvermeidlich, aber wie wir mit ihnen umgehen, kann den Unterschied ausmachen. Oft haben wir das Bedürfnis, unsere Probleme mit Freunden oder Familie zu teilen, um Rat und Trost zu suchen. Doch diese gut gemeinte Offenheit kann manchmal mehr Schaden als Nutzen anrichten.

Ich erinnere mich an eine schwierige Zeit in meiner eigenen Beziehung. Ich suchte Rat bei Freunden und Familie, die alle ihre Meinung und Ratschläge teilten. Als mein Partner und ich unsere Probleme schließlich lösten, blieben die negativen Eindrücke bei den anderen haften. Sie sahen unsere Beziehung weiterhin kritisch und gaben mir das Gefühl, dass ich keine guten Entscheidungen treffen könne. Ihre Ratschläge, obwohl gut gemeint, wurden zu einer Quelle des Konflikts und des Misstrauens.

Der Wert des Schweigens in Beziehungen:

1. **Probleme intern lösen:** Versuche, Beziehungsprobleme zuerst mit deinem Partner zu besprechen und zu lösen, bevor du Außenstehende einbeziehst. Dies stärkt das Vertrauen und die Kommunikation zwischen euch.

2. **Vermeide Missverständnisse:** Andere können deine Probleme falsch interpretieren und dir Ratschläge geben, die nicht zu deiner Situation passen. Schweigen schützt dich vor solchen Missverständnissen.

3. **Wahre den Respekt:** Schweigen hilft, den Respekt und die Privatsphäre in deiner Beziehung zu bewahren. Eure Konflikte sollten nicht zum Gesprächsthema anderer werden.

Schweigen am Arbeitsplatz: Die berufliche Integrität wahren

Arbeitskollegen sind nicht immer Freunde. Der Arbeitsplatz ist ein Ort, an dem Professionalität und Zurückhaltung oft wichtiger sind als Offenheit und Freundschaft. Persönliche Informationen können schnell zum Gesprächsstoff und zur Grundlage für Lästereien werden.

Ich hatte einmal einen Kollegen, der mir viel über sein Privatleben erzählte. Seine Offenheit machte ihn verletzlich und brachte ihm unnötige Schwierigkeiten ein, als seine Geschichten die Runde machten. Dies beeinträchtigte seine Arbeitsbeziehungen und sein Ansehen.

Der Wert des Schweigens am Arbeitsplatz:

1. **Privates privat halten:** Teile persönliche Informationen nur mit ausgewählten, vertrauenswürdigen Personen

und vermeide es, zu viel über dein Privatleben preiszugeben.

2. **Vermeide Klatsch und Tratsch:** Schweigen schützt dich davor, unfreiwillig zum Gesprächsthema zu werden. Halte Gespräche über Hobbys und allgemeine Themen, um professionell zu bleiben.

3. **Erhalte den professionellen Respekt:** Indem du persönliche Themen meidest, wahrt du deine Professionalität und erhöhst das Ansehen bei deinen Kollegen.

Schweigen über Finanzen und Erfolge: Diskretion als Schutz

Es ist verlockend, finanziellen Erfolg und gute Geschäftsideen mit anderen zu teilen. Doch dies kann Neid und Missgunst hervorrufen und dazu führen, dass andere versuchen, dich auszunutzen oder deine Ideen zu sabotieren.

Ich erinnere mich an eine Phase, in der ich finanziell besonders erfolgreich war. Ich teilte meine Freude mit einem breiten Freundeskreis, was dazu führte, dass plötzlich viele "gute Freunde" finanzielle Unterstützung und Beteiligungen an meinen Ideen wollten. Diese Situation wurde schnell belastend und lehrte mich, diskreter mit meinen Erfolgen umzugehen.

Der Wert des Schweigens über Finanzen und Erfolge:

1. **Schutz vor Neid:** Indem du deine finanziellen Erfolge und Pläne für dich behältst, schützt du dich vor Neid und Missgunst.

2. **Bewahrung deiner Ideen:** Geschäftsideen sind wertvoll. Teile sie nur mit vertrauenswürdigen Partnern und vermeide es, sie offen zu diskutieren.

3. **Vermeide Ausnutzung:** Schweigen schützt dich davor, von anderen ausgenutzt zu werden. Nur wenige Menschen haben wirklich dein Bestes im Sinn.

Abschließende Gedanken

Schweigen ist eine Kunst, die gelernt und gepflegt werden muss. Es geht nicht darum, sich zurückzuziehen oder abweisend zu sein, sondern darum, weise zu sein und das Richtige zur richtigen Zeit zu sagen. Indem du Schweigen als eine Form des Schutzes und der Weisheit nutzt, kannst du dein Leben und deine Beziehungen in einem positiven Licht halten.

Denke daran, dass nicht jeder alles über dich wissen muss. Bewahre deine Privatsphäre, wahre deinen Frieden und genieße die Vorteile, die das Schweigen mit sich bringt. Du wirst feststellen, dass du durch weniger Reden und mehr Zuhören nicht nur Konflikte vermeidest, sondern auch inneren Frieden und Zufriedenheit findest. Schweigen ist wahrhaftig Gold.

Die Macht des Nein-Sagens: Warum du Dinge für dich selbst tun solltest

In einer Welt, die uns oft dazu drängt, es allen recht zu machen, kann es schwer sein, die eigenen Bedürfnisse und Wünsche zu erkennen und zu respektieren. Viele von uns sind darauf konditioniert, immer "Ja" zu sagen, um anderen zu gefallen oder Konflikte zu vermeiden. Doch was passiert, wenn wir ständig unsere eigenen Interessen opfern, um anderen zu helfen? Wir verlieren uns selbst, unsere Energie und unser Glück. Es ist an der Zeit, die Macht des Nein-Sagens zu entdecken und Dinge für sich selbst zu tun.

Die Falle des ständigen Ja-Sagens

Stell dir vor, du bist auf der Arbeit und ein Kollege bittet dich, ein zusätzliches Projekt zu übernehmen. Obwohl du bereits überlastet bist, sagst du "Ja", weil du nicht unhöflich erscheinen möchtest. Zu Hause angekommen, ruft ein Freund an und bittet dich um Hilfe beim Umzug. Wieder sagst du "Ja", obwohl du den Abend für dich selbst geplant hattest. Diese ständigen Zugeständnisse hinterlassen dich erschöpft und frustriert.

Ich erinnere mich an eine Zeit, als ich selbst in dieser Falle steckte. Ich konnte kaum "Nein" sagen und versuchte ständig, es allen recht zu machen. Doch je mehr ich mich bemühte, desto mehr fühlte ich mich ausgelaugt und unzufrieden. Eines Tages erkannte ich, dass ich lernen musste, meine eigenen Bedürfnisse zu respektieren und Prioritäten zu setzen.

Warum es wichtig ist, Nein zu sagen

1. Selbstachtung und Selbstfürsorge: Wenn du lernst, "Nein" zu sagen, zeigst du dir selbst Respekt und Fürsorge. Du erkennst an, dass deine Zeit und Energie wertvoll sind und dass du das Recht hast, sie für deine eigenen Interessen zu nutzen.

2. Bessere Beziehungen: Indem du ehrlich zu deinen eigenen Bedürfnissen bist, kannst du authentischere und gesündere Beziehungen aufbauen. Wahre Freunde und Familie werden deine Grenzen respektieren und dich unterstützen.

3. Mehr Energie und Fokus: Indem du unnötige Verpflichtungen ablehnst, gewinnst du mehr Energie und Fokus für die Dinge, die dir wirklich wichtig sind. Du wirst produktiver und erfüllter sein, weil du deine Zeit in die Dinge investierst, die dir am Herzen liegen.

4. Gesteigertes Selbstbewusstsein: Jedes Mal, wenn du "Nein" sagst, stärkst du dein Selbstbewusstsein. Du zeigst dir selbst, dass du in der Lage bist, für dich einzustehen und deine eigenen Entscheidungen zu treffen.

Strategien, um Nein zu sagen und deine eigenen Interessen zu vertreten

1. Kenne deine Grenzen: Mach dir klar, was deine Grenzen sind und warum sie wichtig sind. Überlege, welche Verpflichtungen und Aktivitäten dir Energie geben und welche dich auslaugen. Setze klare Prioritäten für dein Leben.

2. Sei ehrlich und direkt: Wenn du "Nein" sagst, tue dies ehrlich und direkt, aber freundlich. Erkläre kurz, warum du ablehnst, aber fühle dich nicht verpflichtet, dich ausführlich zu rechtfertigen. Ein einfaches "Ich habe bereits andere Verpflichtungen" reicht oft aus.

3. Übe dich im Nein-Sagen: Wie jede Fähigkeit erfordert auch das Nein-Sagen Übung. Beginne mit kleinen Schritten und sage "Nein" zu weniger wichtigen Anfragen. Mit der Zeit wirst du dich sicherer fühlen und leichter "Nein" sagen können.

4. Vermeide Schuldgefühle: Erinnere dich daran, dass es in Ordnung ist, deine eigenen Bedürfnisse zu priorisieren. Schuldgefühle sind normal, aber sie sollten dich nicht davon abhalten, für dich selbst einzustehen. Du verdienst es, deine Zeit und Energie für die Dinge zu nutzen, die dir wichtig sind.

5. Biete Alternativen an: Wenn du dich unwohl fühlst, direkt "Nein" zu sagen, kannst du Alternativen anbieten. Zum Beispiel: "Ich kann heute nicht helfen, aber vielleicht kann ich am Wochenende vorbeikommen."

Abschließende Gedanken

Die Fähigkeit, "Nein" zu sagen und Dinge für sich selbst zu tun, ist ein Akt der Selbstliebe und Selbstachtung. Indem du lernst, deine eigenen Interessen zu vertreten, wirst du feststellen, dass du mehr Energie, Freude und Erfüllung in deinem Leben findest. Es ist nicht egoistisch, auf sich selbst zu achten – es ist notwendig.

Erlaube dir, die Kontrolle über dein Leben zu übernehmen und für deine eigenen Bedürfnisse einzustehen. Denke daran, dass du das Recht hast, "Nein" zu sagen und deine Zeit und Energie für die Dinge zu nutzen, die dir wirklich wichtig sind. Deine Zufriedenheit und dein Wohlbefinden sollten immer an erster Stelle stehen. Lerne, dir selbst treu zu sein, und du wirst ein erfüllteres und glücklicheres Leben führen.

Gelernte Unfähigkeit: Der stille Saboteur deines Potenzials

In jedem von uns schlummert ein immenses Potenzial, doch oft werden wir von etwas zurückgehalten, das tief in unserem Unterbewusstsein verankert ist: die gelernte Unfähigkeit. Dieser stille Saboteur untergräbt unsere Bemühungen, unsere Ziele zu erreichen, und lässt uns glauben, dass wir nicht in der Lage sind, erfolgreich zu sein. Doch was ist gelernte Unfähigkeit, und wie können wir sie überwinden, um unser wahres Potenzial zu entfalten?

Was ist gelernte Unfähigkeit?

Gelernte Unfähigkeit ist ein psychologisches Phänomen, bei dem ein Mensch durch wiederholte Misserfolge oder negative Erfahrungen lernt, dass er keine Kontrolle über seine Situation hat. Diese Überzeugung führt zu einer passiven Haltung und einem Gefühl der Hilflosigkeit, selbst in Situationen, in denen Veränderungen möglich wären.

Ich erinnere mich an eine Zeit, als ich selbst unter gelernter Unfähigkeit litt. Mehrmals hatte ich versucht, meine Ziele zu erreichen, nur um immer wieder zu scheitern. Jedes Scheitern verstärkte meinen Glauben, dass ich es einfach nicht schaffen konnte. Dieser Glauben hielt mich gefangen und verhinderte, dass ich mein wahres Potenzial entfaltete.

Die Wurzeln der gelernten Unfähigkeit

Gelernte Unfähigkeit kann aus verschiedenen Quellen stammen:

1. **Frühere Erfahrungen:** Wiederholte Misserfolge in der Vergangenheit können uns glauben lassen, dass wir auch in Zukunft nicht erfolgreich sein werden.

2. **Negative Glaubenssätze:** Überzeugungen wie "Ich bin nicht gut genug" oder "Ich verdiene keinen Erfolg" können tief in unserem Unterbewusstsein verankert sein.

3. **Einflüsse von außen:** Kritik, Ablehnung oder mangelnde Unterstützung von anderen können unser Selbstvertrauen und unseren Glauben an unsere Fähigkeiten untergraben.

Wege, um gelernte Unfähigkeit zu überwinden

1. Erkenne deine Auslöser: Identifiziere die spezifischen Situationen oder Ereignisse, die deine Gefühle der Hilflosigkeit auslösen. Indem du diese Auslöser erkennst, kannst du besser darauf reagieren und verhindern, dass sie dich überwältigen.

2. Suche nach Vorbildern: Finde Menschen, die ähnliche Herausforderungen überwunden haben und Erfolgsgeschichten geschrieben haben. Lasse dich von ihren Erfahrungen inspirieren und lerne von ihren Strategien, um deine eigenen Hürden zu überwinden.

3. Setze kleine, erreichbare Ziele: Beginne mit kleinen, realistischen Zielen, um dein Vertrauen in deine Fähigkeiten wieder aufzubauen. Jeder kleine Erfolg wird dein Selbstvertrauen stärken und dir zeigen, dass du in der Lage bist, Veränderungen herbeizuführen.

4. Nutze positive Affirmationen: Ersetze negative Gedanken durch positive und ermutigende Worte. Entwickle kraftvolle Affirmationen wie "Ich bin fähig und stark" oder "Ich habe die Kontrolle über mein Leben". Wiederhole diese Affirmationen regelmäßig, um dein Selbstbild zu verändern.

5. Pflege deine körperliche Gesundheit: Dein körperliches Wohlbefinden hat einen großen Einfluss auf deine mentale Stärke. Achte auf eine gesunde Ernährung, regelmäßige Bewegung und ausreichend Schlaf. Ein gesunder Körper unterstützt einen gesunden Geist.

6. Finde eine neue Perspektive: Manchmal hilft es, eine Situation aus einem anderen Blickwinkel zu betrachten. Stelle dir vor, du würdest einem Freund in deiner Situation einen Rat geben. Was würdest du ihm raten? Diese Übung kann dir helfen, deine eigenen Herausforderungen objektiver zu betrachten.

7. Lerne, Hilfe anzunehmen: Es ist keine Schwäche, um Hilfe zu bitten. Suche Unterstützung bei Freunden, Familie oder einem Coach. Oft können andere dir neue Perspektiven und Lösungsansätze bieten, die du alleine nicht gesehen hättest.

Die Befreiung von gelernter Unfähigkeit

Die Überwindung gelernten Unfähigkeit ist ein Prozess, der Zeit und Geduld erfordert. Doch die Befreiung von diesem mentalen Gefängnis ist möglich. Indem du deine negativen Überzeugungen in Frage stellst und positive, realistische Ziele setzt, kannst du dein Selbstvertrauen wieder aufbauen und dein volles Potenzial entfalten.

Denke daran, dass du die Kontrolle über dein Leben hast. Du bist in der Lage, Veränderungen herbeizuführen und deine Träume zu verwirklichen. Gelernte Unfähigkeit mag dich in der Vergangenheit zurückgehalten haben, aber sie definiert nicht deine Zukunft. Du hast die Macht, dich von diesen Fesseln zu befreien und ein erfülltes, erfolgreiches Leben zu führen.

Abschließende Gedanken

Gelernte Unfähigkeit ist ein mächtiger, aber stiller Saboteur, der unser Potenzial untergräbt. Doch durch das Erkennen deiner Auslöser, das Setzen erreichbarer Ziele und das Pflegen deiner körperlichen Gesundheit kannst du diese mentale Barriere überwinden. Glaube an dich selbst, erkenne deine Fähigkeiten und nimm dein Schicksal in die Hand. Dein Potenzial ist grenzenlos, und die Welt wartet darauf, dass du es entfesselst.

Zufriedenheit am Arbeitsplatz: Der Schlüssel zu einem erfüllten Berufsleben

In einer Welt, in der wir einen Großteil unserer Zeit am Arbeitsplatz verbringen, ist die Zufriedenheit in unserem Beruf von entscheidender Bedeutung für unser allgemeines Wohlbefinden. Doch was passiert, wenn uns die Arbeit nicht mehr erfüllt, wenn toxische Kollegen oder unbefriedigende Aufgaben unseren Tag bestimmen? Die Antwort ist klar: Ein solcher Zustand kann zu Burnout, Depressionen und sogar finanziellen Schwierigkeiten führen. Aber es gibt Wege, diesem Teufelskreis zu entkommen und ein erfüllteres Arbeitsleben zu finden.

Die Bedeutung der Zufriedenheit am Arbeitsplatz

Zufriedenheit am Arbeitsplatz ist mehr als nur ein angenehmes Gefühl. Sie beeinflusst unsere mentale und physische Gesundheit, unsere Produktivität und unsere Lebensqualität. Wenn wir glücklich und erfüllt bei der Arbeit sind, haben wir mehr Energie, sind kreativer und motivierter. Doch wenn wir uns in einem toxischen Arbeitsumfeld befinden, leidet nicht nur unsere Leistung, sondern auch unser gesamtes Wohlbefinden.

Ich erinnere mich an eine Phase in meinem Leben, als ich in einem Job feststeckte, der mich unglücklich machte. Die Arbeit war monoton, die Kollegen waren unkooperativ und das Management unterstützte mich nicht. Jeden Tag zur Arbeit zu gehen, wurde zu einer Qual. Diese Situation führte dazu, dass ich mich ausgebrannt und deprimiert fühlte. Doch dann beschloss ich, dass ich eine Veränderung brauchte.

Schritte zur Verbesserung der Arbeitsplatzsituation

1. Reflektiere über deine Situation: Nimm dir Zeit, um über deine aktuelle Arbeitssituation nachzudenken. Was genau macht dich unzufrieden? Sind es die Aufgaben, die Kollegen, das Arbeitsumfeld oder etwas anderes? Diese Reflexion hilft dir, klarer zu sehen und konkrete Schritte zur Verbesserung zu unternehmen.

2. Suche nach Unterstützung: Sprich mit vertrauenswürdigen Kollegen, Freunden oder Familienmitgliedern über deine Situation. Manchmal hilft es, sich auszusprechen und neue Perspektiven zu gewinnen. Es kann auch sinnvoll sein, professionelle Hilfe in Anspruch zu nehmen, um Strategien zur Bewältigung von Stress und Unzufriedenheit zu entwickeln.

3. Verbessere dein Arbeitsumfeld: Falls möglich, versuche, dein direktes Arbeitsumfeld zu verbessern. Gestalte deinen Arbeitsplatz so, dass er für dich angenehmer wird. Kleine Änderungen wie Pflanzen, persönliche Dekorationen oder eine bessere Organisation können einen großen Unterschied machen.

4. Setze Grenzen: Lerne, klare Grenzen zwischen Arbeit und Freizeit zu setzen. Schalte nach Feierabend deine Arbeits-E-Mails ab und gönne dir Zeit für Erholung und persönliche Interessen. Diese Trennung hilft, die mentale Erschöpfung zu reduzieren und neue Energie zu tanken.

5. Entwickle neue Fähigkeiten: Bildung und Weiterbildung können dir helfen, neue Perspektiven zu gewinnen und dich auf zukünftige Karrieremöglichkeiten vorzubereiten. Besuche

Kurse, Workshops oder nimm an Online-Weiterbildungen teil, um deine Fähigkeiten zu erweitern und dich für neue berufliche Herausforderungen zu qualifizieren.

6. Sprich mit deinem Vorgesetzten: Wenn die Unzufriedenheit von bestimmten Aspekten deiner Arbeit herrührt, zögere nicht, das Gespräch mit deinem Vorgesetzten zu suchen. Ein offenes und konstruktives Gespräch kann oft Lösungen und Verbesserungen herbeiführen.

7. Erkunde neue Möglichkeiten: Wenn sich trotz aller Bemühungen keine Verbesserung einstellt, ist es vielleicht an der Zeit, über einen Jobwechsel nachzudenken. Beginne, dich nach neuen Stellen umzusehen, die besser zu deinen Fähigkeiten und Interessen passen. Manchmal öffnet sich, wenn sich eine Tür schließt, eine andere, die bessere Chancen und mehr Zufriedenheit bietet.

Der Mut zur Veränderung

Es ist leichter gesagt als getan, einen unbefriedigenden Job zu kündigen und sich nach neuen Möglichkeiten umzusehen. Doch Mut zur Veränderung kann den Weg zu einem erfüllteren und glücklicheren Arbeitsleben ebnen. Erinnere dich daran, dass du es verdienst, in einer Umgebung zu arbeiten, die dich wertschätzt und inspiriert.

Wenn du feststellst, dass deine Arbeit dir nicht guttut, sei mutig und ergreife die notwendigen Schritte, um deine Situation zu verbessern. Das Leben ist zu kurz, um unglücklich und unzufrieden zu sein. Es mag Herausforderungen und Unsicherheiten geben, aber der Weg zu einem erfüllten Berufsleben ist es wert, gegangen zu werden.

Abschließende Gedanken

Die Zufriedenheit am Arbeitsplatz ist ein entscheidender Faktor für unser Wohlbefinden und unsere Lebensqualität. Wenn du dich in einer unzufriedenen und stressigen Arbeitssituation befindest, ergreife die Initiative, um Veränderungen herbeizuführen. Reflektiere über deine Situation, suche Unterstützung, setze Grenzen und erkunde neue Möglichkeiten. Habe den Mut, Veränderungen vorzunehmen, und finde einen Job, der dich erfüllt und inspiriert.

Du verdienst es, glücklich und zufrieden zu sein – sowohl im Beruf als auch im Leben. Lasse dich nicht von Ängsten und Unsicherheiten zurückhalten. Öffne dich für neue Chancen und entdecke die Freude und Erfüllung, die ein zufriedenstellender Arbeitsplatz bieten kann.

Die Kunst, mit Lästereien umzugehen: Wie du deine Würde bewahrst und dich wehrst

Lästereien sind wie Gift, das langsam das Klima unter Freunden oder am Arbeitsplatz vergiftet. Sie können tief verletzen, Misstrauen säen und unser Selbstwertgefühl untergraben. Doch wie geht man damit um, wenn man das Ziel von Lästereien wird? Es ist wichtig, sich nicht alles gefallen zu lassen und die richtigen Schritte zu unternehmen, um sich zu verteidigen und seine Würde zu bewahren.

Die Auswirkungen von Lästereien

Lästereien sind nicht nur harmloses Gerede. Sie können ernsthafte Auswirkungen auf unsere mentale und emotionale Gesundheit haben. Sie schaffen ein toxisches Umfeld, in dem man ständig das Gefühl hat, beobachtet und beurteilt zu werden. Dies kann zu Stress, Angst und einem Rückgang des Selbstwertgefühls führen.

Ich erinnere mich an eine Zeit, als ich selbst Opfer von Lästereien am Arbeitsplatz war. Die ständigen Gerüchte und das negative Gerede hinter meinem Rücken machten es schwer, meine Arbeit zu genießen und mich auf meine Aufgaben zu konzentrieren. Doch anstatt zu schweigen und mich zurückzuziehen, beschloss ich, mich zu wehren und meine Integrität zu schützen.

Schritte, um mit Lästereien umzugehen

1. Ruhe bewahren: Wenn du merkst, dass über dich gelästert wird, ist es wichtig, zunächst Ruhe zu bewahren. Reagiere nicht impulsiv oder aggressiv. Atme tief durch und denke darüber nach, wie du strategisch vorgehen kannst.

2. Die Quelle identifizieren: Finde heraus, wer die Lästereien verbreitet und warum. Oftmals sind Lästereien ein Zeichen von Unsicherheit oder Eifersucht bei der Person, die sie verbreitet. Das Wissen um die Quelle kann dir helfen, gezielt zu handeln.

3. Direkte Konfrontation: Suche das Gespräch mit der Person, die die Lästereien verbreitet. Bleibe dabei ruhig und sachlich. Sage deutlich, dass du von den Gerüchten gehört hast und dass du dieses Verhalten nicht tolerierst. Fordere die Person auf, solche Aussagen zu unterlassen.

Beispiel: "Ich habe gehört, dass du einige Dinge über mich erzählt hast, die nicht wahr sind. Ich möchte, dass du weißt, dass ich dieses Verhalten nicht akzeptiere. Lass uns offen und respektvoll miteinander umgehen."

4. Unterstützung suchen: Sprich mit vertrauenswürdigen Kollegen, Freunden oder Vorgesetzten über die Situation. Sie können dir Rückhalt geben und möglicherweise auch dazu beitragen, das Problem zu lösen. Gemeinsam seid ihr stärker und könnt effektiver gegen Lästereien vorgehen.

5. Grenzen setzen: Setze klare Grenzen und lasse die anderen wissen, dass du respektvolles Verhalten erwartest. Mache deutlich, dass du keine Lästereien tolerierst und bereit bist, Konsequenzen zu ziehen, wenn dieses Verhalten anhält.

6. Dokumentation: Halte schriftlich fest, wann und wie die Lästereien stattfinden. Notiere dir, wer beteiligt ist und welche Aussagen gemacht wurden. Diese Dokumentation kann hilfreich sein, wenn du das Problem an höhere Stellen weiterleiten musst.

7. Selbstwert stärken: Arbeite an deinem Selbstwertgefühl und lass dich nicht von den Lästereien beeinflussen. Erinnere dich an deine Stärken und Erfolge. Lästereien sagen mehr über die Person aus, die sie verbreitet, als über dich.

8. Professionelle Hilfe in Anspruch nehmen: Wenn die Lästereien schwerwiegende Auswirkungen auf dein Wohlbefinden haben, zögere nicht, professionelle Hilfe in Anspruch zu nehmen. Ein Coach oder Therapeut kann dir helfen, Strategien zu entwickeln und deine mentale Gesundheit zu stärken.

Der Umgang mit Lästereien: Vergeltung versus Würde

Es ist verlockend, denjenigen, die über dich lästern, "das zu geben, was sie verdienen". Doch Vergeltung kann die Situation oft verschlimmern und zu einem Teufelskreis führen. Stattdessen ist es wichtiger, deine Würde und Integrität zu bewahren. Indem du ruhig und entschlossen handelst, zeigst du Stärke und Selbstbewusstsein.

Vergeltung vermeiden: Rache oder Vergeltung führt selten zu einer dauerhaften Lösung. Sie kann das Problem eskalieren und zu noch mehr Konflikten führen. Konzentriere dich darauf, das Problem auf eine konstruktive Weise zu lösen.

Stärke und Würde bewahren: Indem du dich auf eine respektvolle und professionelle Weise verteidigst, zeigst du wahre Stärke. Du lässt andere wissen, dass du dich nicht herabsetzen lässt und dass du bereit bist, für dich selbst einzustehen.

Abschließende Gedanken

Lästereien können eine herausfordernde und schmerzhafte Erfahrung sein, doch du hast die Macht, ihnen entgegenzutreten und deine Würde zu bewahren. Indem du ruhig bleibst, die Quelle identifizierst, Unterstützung suchst und klare Grenzen setzt, kannst du ein toxisches Umfeld verändern.

Denke daran, dass dein Wert nicht von den Meinungen anderer abhängt. Stärke dein Selbstbewusstsein und zeige der Welt, dass du respektiert werden willst. Indem du dich wehrst und gleichzeitig deine Integrität bewahrst, setzt du ein starkes Zeichen für dich selbst und andere. Lass dir nichts gefallen und gehe erhobenen Hauptes deinen Weg.

Die Schattenseiten der Liebe: Narzissten und Borderliner in Beziehungen

Liebe kann die schönste Erfahrung unseres Lebens sein, aber sie kann auch tief verletzen, besonders wenn man sich in einer Beziehung mit einem Narzissten oder einem Borderliner befindet. Beide Persönlichkeitsstörungen können das Leben und die Beziehungen der Betroffenen stark beeinflussen. Es ist wichtig, diese Muster zu erkennen und zu wissen, wie man sich schützen kann.

Narzissten in Beziehungen

Narzissten haben ein überhöhtes Bedürfnis nach Bewunderung und Bestätigung. Sie neigen dazu, andere Menschen als Werkzeuge zu betrachten, die ihren eigenen Selbstwert steigern sollen. In Beziehungen zeigen sie oft ein charmantes und charismatisches Äußeres, aber dieses Verhalten kann schnell in Manipulation und Kontrolle umschlagen.

Anzeichen für eine narzisstische Persönlichkeit:

1. **Übermäßige Bewunderungssuche:** Narzissten brauchen ständige Bestätigung und Lob. Sie erwarten, dass ihr Partner ihnen regelmäßig Komplimente macht und sie in den Mittelpunkt stellt.

2. **Mangel an Empathie:** Narzissten haben oft Schwierigkeiten, die Gefühle und Bedürfnisse anderer zu erkennen und zu respektieren. Ihre eigenen Bedürfnisse stehen immer an erster Stelle.

3. **Manipulation und Kontrolle:** Sie nutzen Manipulationstechniken wie Gaslighting, um den Partner zu verunsichern und zu kontrollieren. Dies kann das Selbstwertgefühl des Partners erheblich beeinträchtigen.

Beispiel: Anna ist mit Max zusammen, der nach außen hin charmant und erfolgreich wirkt. Anfangs überhäuft Max Anna mit Komplimenten und Aufmerksamkeiten. Doch schon bald beginnt er, Annas Entscheidungen in Frage zu stellen und ihr das Gefühl zu geben, dass sie ohne ihn nichts wert sei. Er manipuliert sie geschickt, sodass sie an ihrer eigenen Wahrnehmung zweifelt und glaubt, dass sie ohne seine Führung verloren wäre.

Umgang mit Narzissten:

1. **Grenzen setzen:** Definiere klare Grenzen und halte sie ein. Lass dich nicht manipulieren und stehe für deine eigenen Bedürfnisse ein.

2. **Selbstbewusstsein stärken:** Arbeite an deinem Selbstwertgefühl. Je stärker du dich selbst fühlst, desto schwerer wird es für den Narzissten, dich zu kontrollieren.

3. **Konsequenzen aufzeigen:** Zeige dem Narzissten deutlich, dass sein Verhalten Konsequenzen hat. Dies kann beispielsweise bedeuten, dass du dich zurückziehst, wenn er respektlos oder manipulativ wird.

4. **Vermeide Rechtfertigungen:** Lass dich nicht auf Diskussionen oder Rechtfertigungen ein. Narzissten nutzen diese oft, um ihre Macht über dich zu stärken.

Bleib bei deinen Aussagen und deinen Entscheidungen.

5. **Fokussiere auf Fakten:** Halte dich an Fakten und lasse dich nicht von emotionalen Manipulationen beeinflussen. Zum Beispiel: "Du hast gesagt, dass du diese Aufgabe übernehmen wirst, und es ist wichtig, dass du dein Versprechen hältst."

Borderliner in Beziehungen

Menschen mit Borderline-Persönlichkeitsstörung (BPS) erleben intensive und instabile Emotionen. Ihre Beziehungen sind oft von extremen Höhen und Tiefen geprägt, was für beide Partner sehr belastend sein kann.

Anzeichen für eine Borderline-Persönlichkeit:

1. **Emotionale Instabilität:** Menschen mit BPS erleben extreme Stimmungsschwankungen und intensive Emotionen, die oft ohne erkennbaren Auslöser auftreten.

2. **Angst vor Verlassenwerden:** Sie haben eine tief verwurzelte Angst, verlassen zu werden, und können auf geringste Anzeichen von Zurückweisung mit Panik und Wut reagieren.

3. **Schwarz-Weiß-Denken:** Beziehungen werden oft in Extremen gesehen – entweder idealisiert oder abgewertet. Dies kann zu instabilen und chaotischen Beziehungsdynamiken führen.

Beispiel: Julia ist mit Tom zusammen, der an BPS leidet. Tom ist sehr liebevoll und fürsorglich, doch bei kleinsten Konflikten oder Missverständnissen reagiert er extrem. Er schwankt zwischen intensiver Liebe und Wut, was Julia emotional erschöpft. Sie fühlt sich, als würde sie ständig auf Eierschalen laufen, um Toms Ausbrüche zu vermeiden.

Umgang mit Borderlinern:

1. **Kommunikation verbessern:** Versuche, offen und ehrlich über Gefühle und Bedürfnisse zu sprechen. Verständnis und Geduld sind hierbei wichtig.

2. **Sichere Räume schaffen:** Schaffe sichere Räume für Gespräche, in denen beide Partner ihre Gefühle und Ängste ausdrücken können, ohne verurteilt zu werden.

3. **Notfallplan entwickeln:** Entwickle gemeinsam Strategien für Krisensituationen, z. B. Abkühlphasen, in denen beide Partner sich beruhigen können, bevor sie das Gespräch fortsetzen.

4. **Emotionale Unterstützung bieten:** Biete emotionale Unterstützung, ohne dich selbst zu überfordern. Zeige Verständnis, aber ziehe auch klare Grenzen, um dich selbst zu schützen.

5. **Geduld und Akzeptanz:** Verstehe, dass Veränderungen Zeit brauchen. Zeige Geduld und Akzeptanz, aber achte darauf, dass du selbst nicht darunter leidest.

Abschließende Gedanken

Beziehungen mit Narzissten oder Borderlinern können sehr herausfordernd sein und erfordern viel Verständnis, Geduld und Selbstfürsorge. Es ist wichtig, die Anzeichen zu erkennen und sich bewusst zu machen, dass du das Recht hast, in einer gesunden und respektvollen Beziehung zu leben. Wenn du dich in einer toxischen Beziehung befindest, scheue dich nicht, Hilfe zu suchen und nötigenfalls Konsequenzen zu ziehen, um dein Wohlbefinden zu schützen. Du verdienst es, glücklich und erfüllt zu sein – sowohl in deiner Beziehung als auch in deinem Leben.

Kapitel 1: Der Funke der Motivation

Motivation beginnt oft mit einem kleinen Funken – einem Moment der Klarheit, in dem wir erkennen, dass wir etwas in unserem Leben ändern möchten. Dieser Funke kann durch verschiedene Auslöser entstehen: ein inspirierendes Buch, ein Gespräch mit einem Freund oder sogar ein Moment der Ruhe. Doch was passiert danach? Wie verwandeln wir diesen Funken in ein anhaltendes Feuer, das uns durch alle Herausforderungen des Lebens trägt?

Praktische Strategien:

1. **Visualisierungstechniken**: Stellen Sie sich lebhaft vor, wie Ihr Leben aussehen wird, wenn Sie Ihre Ziele erreichen. Visualisierung hilft, eine emotionale Verbindung zu Ihrem Ziel aufzubauen und Ihre Motivation zu stärken.

2. **Ziele setzen**: Setzen Sie sich klare, messbare und erreichbare Ziele. Beginnen Sie mit kleinen Schritten und feiern Sie jeden kleinen Erfolg.

3. **Positives Umfeld schaffen**: Umgeben Sie sich mit Menschen, die Sie unterstützen und inspirieren. Ein positives Umfeld kann Wunder für Ihre Motivation bewirken.

Anna war eine junge Mutter, die nach der Geburt ihres Kindes mit ihrem Gewicht kämpfte. Sie fühlte sich unwohl in ihrem Körper und hatte das Gefühl, dass sie nie wieder in Form kommen würde. Eines Tages stieß sie auf ein Motivationsbuch, das sie tief berührte. Die Geschichte einer anderen Frau, die ähnliche Kämpfe durchgemacht hatte und es geschafft hatte, ihr Leben zu verändern, inspirierte sie. Anna begann, kleine Veränderungen in ihrem Alltag zu machen: Sie fing an, jeden Morgen zu joggen und gesunde Mahlzeiten zu planen. Nach und nach wurde sie fitter und glücklicher. Heute inspiriert sie andere Mütter, die gleichen Schritte zu gehen.

Kapitel 2: Hindernisse überwinden

Auf dem Weg zur Selbstverbesserung werden wir alle auf Hindernisse stoßen. Diese können in Form von inneren Blockaden, äußeren Umständen oder sogar Menschen kommen, die nicht an uns glauben. Die Kunst liegt darin, diese Hindernisse zu überwinden und weiterzumachen, selbst wenn es schwierig wird.

Praktische Strategien:

1. **Selbstreflexion**: Nehmen Sie sich Zeit, um über Ihre Ängste und Zweifel nachzudenken. Oft sind sie unbegründet oder basieren auf alten Erfahrungen, die keine Relevanz mehr haben.

2. **Plan B entwickeln**: Haben Sie immer einen Plan B in der Hinterhand. Wenn etwas nicht wie geplant läuft, ist es hilfreich, eine Alternative zu haben, um weiterhin Fortschritte zu machen.

3. **Erfolge feiern**: Erinnern Sie sich daran, wie weit Sie schon gekommen sind. Feiern Sie kleine Erfolge, um sich selbst zu motivieren und weiterzumachen.

Markus war ein junger Unternehmer, der davon träumte, sein eigenes Geschäft aufzubauen. Doch nach einigen Misserfolgen begann er an sich selbst zu zweifeln. Er hatte das Gefühl, dass er nie erfolgreich sein würde. Doch anstatt aufzugeben, entschied er sich, einen Schritt zurückzutreten und seine Fehler zu analysieren. Er erkannte, dass er sich zu sehr auf das Ergebnis konzentriert hatte und zu wenig auf den Prozess. Mit dieser neuen Erkenntnis begann er, sich auf den Aufbau eines soliden Geschäftsmodells zu konzentrieren. Heute führt er ein erfolgreiches Unternehmen und hilft anderen jungen Unternehmern, ihre Träume zu verwirklichen.

Kapitel 3: Die Kraft der Gewohnheiten

Gewohnheiten sind mächtige Werkzeuge, die unser Leben formen. Positive Gewohnheiten können uns helfen, unsere Ziele zu erreichen, während negative Gewohnheiten uns zurückhalten. In diesem Kapitel werden wir uns darauf konzentrieren, wie man positive Gewohnheiten entwickelt und beibehält.

Praktische Strategien:

1. **Kleine Schritte**: Beginnen Sie mit kleinen, erreichbaren Zielen. Diese helfen, neue Gewohnheiten aufzubauen und sie langfristig zu verankern.

2. **Routine etablieren**: Schaffen Sie feste Routinen in Ihrem Alltag. Routinen helfen, neue Gewohnheiten zu festigen und sie zu einem festen Bestandteil Ihres Lebens zu machen.

3. **Verantwortlichkeit**: Finden Sie einen Partner oder eine Gruppe, die Sie bei der Verfolgung Ihrer Ziele unterstützt. Gemeinsame Verantwortung kann die Motivation erhöhen und Sie dazu anspornen, dranzubleiben.

Sophie hatte immer davon geträumt, ein Buch zu schreiben,

aber sie konnte nie die Disziplin aufbringen, sich hinzusetzen und zu schreiben. Eines Tages beschloss sie, eine einfache Regel einzuführen: Sie würde jeden Morgen 30 Minuten schreiben, bevor sie zur Arbeit ging. Anfangs war es schwierig, aber nach einigen Wochen wurde es zu einer Gewohnheit. Sie stellte fest, dass diese tägliche Praxis nicht nur ihre Schreibfähigkeiten verbesserte, sondern ihr auch half, ihre Kreativität zu steigern. Nach einem Jahr hatte sie ihr erstes Buch fertiggestellt und es veröffentlicht. Heute ist sie eine erfolgreiche Autorin und schreibt an ihrem zweiten Buch.

Kapitel 4: Die Macht der positiven Einstellung

"Die einzige Begrenzung für unsere morgigen Erfolge sind unsere Zweifel von heute."

Eine positive Einstellung kann den Unterschied zwischen Erfolg und Misserfolg ausmachen. Sie beeinflusst, wie wir die Welt sehen, wie wir auf Herausforderungen reagieren und wie wir unser Leben gestalten. In diesem Kapitel werden wir die Bedeutung einer positiven Einstellung erforschen und lernen, wie man sie kultiviert.

Praktische Strategien:

1. **Dankbarkeit**: Führen Sie ein Dankbarkeitstagebuch und schreiben Sie jeden Tag drei Dinge auf, für die Sie dankbar sind. Dies hilft, den Fokus auf das Positive zu lenken.

2. **Positives Umfeld**: Umgeben Sie sich mit Menschen, die eine positive Einstellung haben. Ihre Energie wird auf Sie abfärben.

3. **Selbstgespräche**: Achten Sie auf Ihre Selbstgespräche und ersetzen Sie negative Gedanken durch positive Affirmationen.

David war ein junger Athlet, der bei einem Unfall sein Bein verlor. Viele Menschen hätten aufgegeben, aber David entschied sich, eine positive Einstellung zu bewahren. Er begann, sich auf das zu konzentrieren, was er noch tun konnte, anstatt auf das, was er verloren hatte. Mit der Unterstützung seiner Familie und Freunde begann er, sich neuen Herausforderungen zu stellen. Heute ist er ein erfolgreicher Paralympiker und Motivationsredner, der andere inspiriert, trotz Widrigkeiten eine positive Einstellung zu bewahren.

Dieses Buch ist eine Reise, eine Entdeckungstour in die Tiefen unserer eigenen Fähigkeiten und Potenziale. Jede Seite soll inspirieren, motivieren und praktische Werkzeuge bieten, um das Beste aus uns selbst herauszuholen. Lassen Sie uns gemeinsam dieses Abenteuer angehen und uns zu der besten Version unserer selbst entwickeln.

Kapitel 5: Die Bedeutung der Selbstdisziplin

> *"Selbstdisziplin ist der Schlüssel zur Meisterschaft, in jeder Kunst, jedem Beruf und jedem Aspekt des Lebens."*

Selbstdisziplin ist eine der wichtigsten Fähigkeiten, die wir entwickeln können, um unsere Ziele zu erreichen. Sie ist die Fähigkeit, sich selbst zu kontrollieren und zu motivieren, auch wenn es schwierig wird. In diesem Kapitel werden wir untersuchen, wie man Selbstdisziplin aufbaut und pflegt, um das volle Potenzial auszuschöpfen.

Praktische Strategien:

1. **Routinen und Rituale**: Entwickeln Sie tägliche Rituale, die Ihnen helfen, den Tag fokussiert und produktiv zu beginnen. Diese Rituale können Meditation, Lesen oder eine morgendliche Workout-Routine umfassen.

2. **Zeitmanagement**: Lernen Sie, Ihre Zeit effizient zu nutzen. Planen Sie Ihren Tag im Voraus und setzen Sie Prioritäten, um sicherzustellen, dass Sie Ihre wichtigsten Aufgaben zuerst erledigen.

3. **Ablenkungen minimieren**: Identifizieren Sie die Dinge, die Sie von Ihren Zielen ablenken, und finden Sie Wege, sie zu minimieren oder zu eliminieren. Dies kann bedeuten, soziale Medien zu begrenzen oder einen ruhigen Arbeitsbereich zu schaffen.

Jana war eine junge Studentin, die sich oft leicht ablenken ließ und Schwierigkeiten hatte, sich auf ihre Studien zu konzentrieren. Sie erkannte, dass ihr Mangel an Selbstdisziplin ihr im Weg stand. Eines Tages entschied sie sich, etwas zu ändern. Sie begann, sich feste Studienzeiten zu setzen und sich an einen strikten Plan zu halten. Sie schaltete alle Ablenkungen aus, indem sie ihr Handy ausschaltete und in die Bibliothek ging. Nach einigen Monaten bemerkte sie eine dramatische Verbesserung in ihren Noten und ihrer Konzentration. Ihre neu gewonnene Selbstdisziplin half ihr nicht nur in der Schule, sondern auch in anderen Bereichen ihres Lebens. Heute ist sie eine erfolgreiche Ärztin, die sich immer noch auf ihre disziplinierte Arbeitsweise verlässt, um ihre Ziele zu erreichen.

Kapitel 6: Das Setzen und Erreichen von Zielen

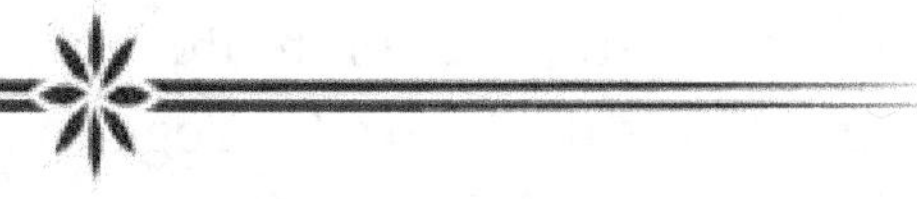

"Ein Ziel ohne Plan ist nur ein Wunsch."

Ziele zu setzen ist ein wesentlicher Bestandteil des persönlichen und beruflichen Wachstums. Ohne klare Ziele können wir leicht in den Alltagstrott verfallen und das Gefühl haben, keine Fortschritte zu machen. In diesem Kapitel werden wir uns darauf konzentrieren, wie man klare, erreichbare Ziele setzt und diese erfolgreich umsetzt.

Praktische Strategien:

1. **SMART-Ziele**: Setzen Sie sich spezifische, messbare, erreichbare, relevante und zeitgebundene Ziele. Diese Methode hilft, Ihre Ziele klar und erreichbar zu machen.

2. **Visionsboard**: Erstellen Sie ein Visionsboard mit Bildern und Wörtern, die Ihre Ziele repräsentieren. Ein solches Board kann als tägliche Erinnerung und Motivation dienen.

3. **Regelmäßige Überprüfung**: Überprüfen Sie regelmäßig Ihre Fortschritte und passen Sie Ihre Ziele bei Bedarf an. Dies hilft, auf Kurs zu bleiben und notwendige Anpassungen vorzunehmen.

Tom war ein junger Unternehmer mit großen Träumen, aber

ohne klare Richtung. Er beschloss, sich konkrete Ziele zu setzen und begann mit dem Aufbau eines eigenen Unternehmens. Er nutzte die SMART-Methode, um seine Ziele zu definieren, und erstellte ein Visionsboard, das er jeden Morgen ansah. Durch regelmäßige Überprüfungen und Anpassungen seiner Ziele konnte er seine Fortschritte verfolgen und sich stetig verbessern. Nach einigen Jahren harter Arbeit und konsequenter Verfolgung seiner Ziele gelang es ihm, sein Unternehmen erfolgreich zu etablieren. Heute ist er ein angesehener Geschäftsmann, der anderen beibringt, wie wichtig es ist, klare Ziele zu setzen und sie mit Entschlossenheit zu verfolgen.

Kapitel 7: Die Kunst der positiven Selbstgespräche

Die Art und Weise, wie wir mit uns selbst sprechen, hat einen enormen Einfluss auf unser Selbstbewusstsein und unsere Motivation. Positive Selbstgespräche können uns helfen, Hindernisse zu überwinden und unser volles Potenzial zu entfalten. In diesem Kapitel werden wir die Bedeutung positiver Selbstgespräche untersuchen und Techniken erlernen, um negative Gedankenmuster zu durchbrechen.

Praktische Strategien:

1. **Positive Affirmationen**: Entwickeln Sie positive Affirmationen, die Ihre Ziele und Stärken bestätigen. Wiederholen Sie diese täglich, um Ihr Selbstvertrauen zu stärken.

2. **Negative Gedanken umkehren**: Achten Sie auf negative Selbstgespräche und finden Sie Wege, sie in positive Aussagen umzuwandeln. Zum Beispiel, anstatt "Ich kann das nicht" zu sagen, sagen Sie "Ich kann es versuchen und mein Bestes geben."

3. **Dankbarkeitspraxis**: Führen Sie ein Dankbarkeitstagebuch, in dem Sie täglich aufschreiben, wofür Sie dankbar sind. Dies hilft, den Fokus auf das

Positive zu lenken und eine positive Einstellung zu kultivieren.

Lisa war eine talentierte Musikerin, die oft von Selbstzweifeln geplagt wurde. Sie hatte das Gefühl, dass sie nie gut genug sein würde, um ihre Träume zu verwirklichen. Eines Tages entschied sie sich, ihre Einstellung zu ändern. Sie begann, sich täglich positive Affirmationen zu sagen und ein Dankbarkeitstagebuch zu führen. Diese kleinen Veränderungen hatten eine große Wirkung. Sie fühlte sich selbstbewusster und motivierter, ihre Musik weiterzuverfolgen. Heute tritt sie regelmäßig auf großen Bühnen auf und inspiriert andere, an sich selbst zu glauben und ihre Träume zu verfolgen.

Kapitel 8: Die Kraft der Gemeinschaft

"Alleine kann man viel erreichen, aber gemeinsam kann man Wunder vollbringen."

Eine unterstützende Gemeinschaft kann einen großen Unterschied in unserem Leben machen. Sie kann uns ermutigen, motivieren und uns helfen, Herausforderungen zu überwinden. In diesem Kapitel werden wir die Bedeutung von Gemeinschaften untersuchen und wie man ein starkes Unterstützungsnetzwerk aufbaut.

Praktische Strategien:

1. **Gemeinschaft finden**: Suchen Sie nach Gemeinschaften oder Gruppen, die Ihre Interessen teilen. Ob es sich um einen Fitnessclub, eine Buchgruppe oder ein berufliches Netzwerk handelt – das Finden einer Gemeinschaft kann wertvolle Unterstützung bieten.

2. **Netzwerken**: Bauen Sie Beziehungen zu Menschen auf, die ähnliche Ziele haben. Netzwerken kann Türen öffnen und neue Möglichkeiten schaffen.

3. **Aktiver Beitrag**: Seien Sie aktiv in Ihrer Gemeinschaft. Bieten Sie Ihre Unterstützung an und nehmen Sie an Aktivitäten teil. Ein aktives Engagement stärkt die Gemeinschaft und gibt Ihnen das Gefühl, Teil von etwas Größerem zu sein.

Max war ein junger Künstler, der sich oft allein und

unverstanden fühlte. Er entschied sich, einer lokalen Künstlergemeinschaft beizutreten, um sich mit Gleichgesinnten auszutauschen. In dieser Gemeinschaft fand er nicht nur Unterstützung und Freundschaft, sondern auch die Inspiration, neue kreative Wege zu gehen. Die Mitglieder halfen sich gegenseitig, ihre Kunst zu verbessern und ihre Werke zu präsentieren. Max erkannte, wie wichtig es ist, Teil einer Gemeinschaft zu sein, die einen unterstützt und motiviert. Heute ist er ein erfolgreicher Künstler, der stolz darauf ist, Teil einer inspirierenden Gemeinschaft zu sein.

Dieses Buch ist mehr als nur eine Sammlung von Tipps und Geschichten; es ist ein Leitfaden zur Selbstentfaltung und zu einem erfüllteren Leben. Jeder von uns hat die Fähigkeit, große Veränderungen in seinem Leben zu bewirken. Mit den richtigen Strategien, einer positiven Einstellung und der Unterstützung einer starken Gemeinschaft können wir unsere Ziele erreichen und das Leben führen, von dem wir träumen. Lassen Sie uns gemeinsam diesen Weg gehen und entdecken, was alles möglich ist, wenn wir an uns selbst glauben und niemals aufgeben.

Kapitel 9: Überwindung von Rückschlägen

"Rückschläge sind keine Niederlagen, sondern Sprungbretter auf dem Weg zum Erfolg."

Jeder von uns wird im Laufe seines Lebens auf Rückschläge stoßen. Sie können in vielen Formen auftreten, sei es ein beruflicher Misserfolg, persönliche Enttäuschungen oder unerwartete Herausforderungen. Doch die wahre Stärke zeigt sich darin, wie wir auf diese Rückschläge reagieren. In diesem Kapitel werden wir untersuchen, wie man Rückschläge als Wachstumschancen sieht und daraus gestärkt hervorgeht.

Praktische Strategien:

1. **Akzeptanz**: Der erste Schritt zur Überwindung von Rückschlägen ist die Akzeptanz der Situation. Erkennen Sie an, was geschehen ist, ohne sich in Selbstvorwürfen zu verlieren.

2. **Lernen und Wachsen**: Jeder Rückschlag bietet eine Lektion. Fragen Sie sich, was Sie aus der Erfahrung lernen können und wie Sie diese Lektion in Zukunft anwenden können.

3. **Neuausrichtung der Ziele**: Nach einem Rückschlag kann es hilfreich sein, Ihre Ziele zu überdenken und neu zu fokussieren. Passen Sie Ihre Pläne an die neue Realität an und setzen Sie sich erneut in Bewegung.

Julia war eine erfolgreiche Geschäftsfrau, deren Unternehmen plötzlich in finanzielle Schwierigkeiten geriet. Die Situation schien aussichtslos, und sie stand vor der Entscheidung, aufzugeben oder einen Neuanfang zu wagen. Anstatt sich geschlagen zu geben, analysierte sie die Fehler, die zu dieser Krise geführt hatten, und setzte alles daran, ihr Unternehmen neu zu strukturieren. Sie erkannte, dass die Krise eine Chance war, innovativ zu sein und neue Wege zu gehen. Mit viel Einsatz und Kreativität gelang es ihr, das Unternehmen nicht nur zu retten, sondern es auch zu einem noch größeren Erfolg zu führen. Julia's Geschichte zeigt, dass Rückschläge oft der Anstoß für bedeutende Veränderungen und Wachstum sein können.

Kapitel 10: Die Macht der kleinen Schritte

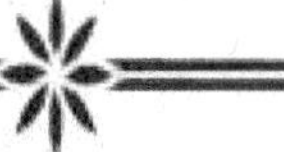

"Große Dinge werden durch eine Reihe kleiner Dinge erreicht, die zusammenkommen."

Oft unterschätzen wir die Bedeutung kleiner Schritte auf dem Weg zu unseren großen Zielen. Wir neigen dazu, uns auf das Endziel zu konzentrieren und vergessen dabei, dass jeder kleine Fortschritt zählt. In diesem Kapitel werden wir darüber sprechen, wie kleine, kontinuierliche Bemühungen zu bedeutenden Ergebnissen führen können.

Praktische Strategien:

1. **Mikrogewohnheiten**: Etablieren Sie kleine, einfache Gewohnheiten, die Sie jeden Tag ausführen können. Diese kleinen Handlungen summieren sich im Laufe der Zeit zu großen Veränderungen.

2. **Fortschritte feiern**: Auch die kleinsten Erfolge verdienen Anerkennung. Feiern Sie Ihre Fortschritte, egal wie klein sie erscheinen mögen, und nutzen Sie sie als Motivation, weiterzumachen.

3. **Geduld und Ausdauer**: Verstehen Sie, dass große Erfolge Zeit brauchen. Bleiben Sie geduldig und beharrlich, auch wenn die Fortschritte langsam erscheinen.

Michael wollte schon immer ein Musikinstrument lernen,

hatte aber nie die Zeit oder Geduld dafür. Eines Tages beschloss er, sich jeden Tag nur fünf Minuten dem Üben zu widmen. Anfangs schien dies wenig zu bewirken, aber er blieb dran. Nach einigen Monaten bemerkte er, wie viel besser er geworden war. Diese fünf Minuten pro Tag summierten sich zu einem beachtlichen Fortschritt, und schließlich konnte er Stücke spielen, von denen er nie gedacht hätte, dass er sie jemals meistern könnte. Michael's Geschichte zeigt, dass kleine, konsequente Schritte zu großen Ergebnissen führen können.

Kapitel 11: Das Finden der eigenen Leidenschaft

"Finde eine Arbeit, die du liebst, und du wirst keinen Tag in deinem Leben mehr arbeiten."

Die Entdeckung der eigenen Leidenschaft kann das Leben transformieren. Sie gibt uns einen Grund, morgens aufzustehen, und verleiht unserem Tun Sinn und Freude. In diesem Kapitel werden wir untersuchen, wie man seine Leidenschaft findet und sie in den Alltag integriert.

Praktische Strategien:

1. **Selbstreflexion**: Nehmen Sie sich Zeit, um über Ihre Interessen und Leidenschaften nachzudenken. Was macht Sie glücklich? Was lässt Ihre Augen leuchten?

2. **Experimentieren**: Probieren Sie verschiedene Dinge aus. Manchmal entdeckt man seine Leidenschaft erst durch das Ausprobieren neuer Aktivitäten oder Hobbys.

3. **Ziele setzen**: Sobald Sie Ihre Leidenschaft gefunden haben, setzen Sie sich konkrete Ziele, um diese in Ihrem Leben zu integrieren und vielleicht sogar zu Ihrem Beruf zu machen.

Laura war jahrelang in einem Job gefangen, der sie nicht erfüllte. Eines Tages entschied sie sich, etwas Neues auszuprobieren und begann, in ihrer Freizeit zu malen. Sie hatte nie zuvor gemalt, aber sie merkte schnell, wie viel Freude es ihr bereitete. Mit der Zeit verbesserte sie ihre Fähigkeiten und beschloss schließlich, eine Ausstellung zu organisieren. Die positive Resonanz auf ihre Werke gab ihr den Mut, ihren Job zu kündigen und sich ganz der Kunst zu widmen. Heute lebt sie ihre Leidenschaft als Künstlerin und ermutigt andere, ihre Träume zu verfolgen.

Kapitel 12: Die Bedeutung der Balance

In einer Welt, die ständig nach mehr verlangt, ist es eine Herausforderung, Balance im Leben zu finden. Ob Arbeit, Familie, Gesundheit oder persönliche Interessen – alle Bereiche wollen unter einen Hut gebracht werden. In diesem Kapitel werden wir erkunden, wie man ein ausgewogenes Leben führt und in allen Bereichen zufrieden bleibt.

Praktische Strategien:

1. **Prioritäten setzen**: Identifizieren Sie die wichtigsten Aspekte Ihres Lebens und setzen Sie klare Prioritäten. Lernen Sie, Nein zu sagen, um sich auf das Wesentliche zu konzentrieren.

2. **Zeitmanagement**: Planen Sie Ihre Zeit so, dass Sie ausreichend Raum für Arbeit, Familie, Freunde und persönliche Erholung haben. Ein guter Zeitplan hilft, Stress zu vermeiden und eine gesunde Balance zu halten.

3. **Selbstfürsorge**: Vernachlässigen Sie nicht Ihre eigenen Bedürfnisse. Nehmen Sie sich regelmäßig Zeit für sich selbst, um aufzutanken und Ihre geistige und körperliche Gesundheit zu pflegen.

Tom und Lisa waren ein erfolgreiches Paar, das Karriere und

Familie meisterte. Doch irgendwann merkten sie, dass sie sich in Arbeit und Alltagsstress verloren hatten und kaum noch Zeit füreinander oder für ihre Hobbys hatten. Sie beschlossen, bewusst eine Balance zu schaffen. Sie nahmen sich wöchentliche Date-Nights vor und planten regelmäßige Familienausflüge. Außerdem setzten sie sich feste Zeiten für persönliche Hobbys und Sport. Diese bewussten Veränderungen halfen ihnen, eine harmonische Balance zwischen Arbeit und Privatleben zu finden, was ihre Beziehung und ihr allgemeines Wohlbefinden stärkte.

Dieses Buch soll nicht nur inspirieren, sondern auch praktische Werkzeuge bieten, um ein erfülltes, motiviertes und ausgewogenes Leben zu führen. Die kommenden Kapitel werden weitere Aspekte beleuchten, wie z.B. die Kunst des Loslassens, die Bedeutung von Dankbarkeit und die Kraft der Vergebung. Jedes Kapitel ist darauf ausgerichtet, den Leser zu ermutigen, über sich hinauszuwachsen und das Beste aus sich selbst herauszuholen.

Die Reise zur Selbstentfaltung ist niemals abgeschlossen. Sie ist ein fortwährender Prozess, der uns stets neue Lektionen lehrt und uns dazu anspornt, unser volles Potenzial zu entfalten. Lassen Sie uns gemeinsam diesen Weg weitergehen und die vielen Facetten des Lebens entdecken, die uns zu unserer besten Version führen.

Kapitel 13: Die Kunst des Loslassens

Oft halten wir an Dingen fest, die uns nicht mehr dienen, sei es vergangene Fehler, negative Erfahrungen oder toxische Beziehungen. Das Loslassen dieser Lasten kann befreiend sein und uns ermöglichen, Platz für Neues zu schaffen. In diesem Kapitel werden wir erkunden, wie man das Loslassen praktiziert und die damit verbundene Freiheit erfährt.

Praktische Strategien:

1. **Anerkennung**: Der erste Schritt zum Loslassen ist die Anerkennung dessen, was uns belastet. Sei es eine alte Verletzung oder ein unerfüllter Traum, es ist wichtig, die Realität anzunehmen.

2. **Vergebung**: Vergeben Sie sich selbst und anderen. Vergebung bedeutet nicht, das Verhalten zu billigen, sondern sich selbst von der Last des Grolls zu befreien.

3. **Fokus auf das Hier und Jetzt**: Konzentrieren Sie sich auf die Gegenwart. Anstatt in der Vergangenheit zu verharren oder sich um die Zukunft zu sorgen, genießen Sie den gegenwärtigen Moment.

Sandra hatte jahrelang unter einer bitteren Trennung gelitten. Die Erinnerungen an die gescheiterte Beziehung hielten sie davon ab, neue Bindungen einzugehen. Eines Tages entschloss sie sich, diese Vergangenheit loszulassen. Sie schrieb einen Brief an ihren Ex-Partner, in dem sie all ihre Gefühle niederschrieb, ohne ihn jedoch abzuschicken. Dieser Akt des Schreibens half ihr, die Last von ihrer Seele zu nehmen. Sie verbrannte den Brief symbolisch, um einen Neuanfang zu markieren. Sandra spürte eine immense Erleichterung und fand den Mut, wieder zu lieben und zu vertrauen. Heute lebt sie in einer glücklichen Partnerschaft und hat gelernt, dass das Loslassen eine Befreiung ist.

Kapitel 14: Die Kraft der Dankbarkeit

"Dankbarkeit verwandelt das, was wir haben, in genug."

Dankbarkeit ist eine kraftvolle Praxis, die unser Leben tiefgreifend verändern kann. Sie hilft uns, das Positive zu sehen, selbst in schwierigen Zeiten, und unsere Wertschätzung für das, was wir haben, zu steigern. In diesem Kapitel werden wir die transformative Kraft der Dankbarkeit erkunden und wie sie unser Leben bereichern kann.

Praktische Strategien:

1. **Dankbarkeitstagebuch:** Führen Sie täglich ein Dankbarkeitstagebuch, in dem Sie drei Dinge aufschreiben, für die Sie dankbar sind. Dies fördert eine positive Einstellung und erhöht das allgemeine Wohlbefinden.

2. **Dankbarkeitsrituale:** Entwickeln Sie kleine Rituale, um Dankbarkeit in Ihren Alltag zu integrieren, wie z.B. vor dem Essen oder vor dem Schlafengehen. Diese Rituale helfen, einen bewussten Moment der Wertschätzung zu schaffen.

3. **Dankbarkeit zeigen:** Nehmen Sie sich Zeit, anderen Menschen Ihre Dankbarkeit auszudrücken. Ein einfaches „Danke" kann sowohl Ihr eigenes als auch das Leben anderer bereichern.

Peter war ein erfolgreicher Geschäftsmann, der sich oft in den Stress und die Anforderungen seiner Karriere verlor. Er fühlte sich unzufrieden und ausgelaugt. Auf Anraten eines Freundes begann er, jeden Tag ein Dankbarkeitstagebuch zu führen. Anfangs fiel es ihm schwer, Dinge zu finden, für die er dankbar war, aber mit der Zeit wurde ihm bewusst, wie viel Gutes es in seinem Leben gab. Diese einfache Praxis veränderte seine Perspektive. Er begann, kleine Momente des Glücks zu schätzen, wie die Zeit mit seiner Familie oder ein gutes Essen. Peters neue Dankbarkeitspraxis half ihm, eine tiefere Zufriedenheit und einen inneren Frieden zu finden, der sein Leben nachhaltig veränderte.

Kapitel 15: Die Kraft der Vergebung

"Vergebung ist nicht etwas, das man für andere tut; es ist etwas, das man für sich selbst tut."

Vergebung ist eine der schwierigsten, aber auch kraftvollsten Handlungen, die wir vollziehen können. Sie befreit uns von negativen Gefühlen und ermöglicht es uns, Frieden zu finden. In diesem Kapitel werden wir untersuchen, wie man Vergebung praktiziert und warum sie für unser emotionales Wohlbefinden so wichtig ist.

Praktische Strategien:

1. **Selbstvergebung**: Beginnen Sie mit der Vergebung sich selbst gegenüber. Erkennen Sie Ihre Fehler an, lernen Sie aus ihnen und lassen Sie sie los.

2. **Empathie entwickeln**: Versuchen Sie, die Perspektive der Person zu verstehen, die Sie verletzt hat. Empathie kann helfen, negative Gefühle abzubauen und den Weg zur Vergebung zu ebnen.

3. **Vergebung als Prozess**: Vergebung ist oft ein langer Prozess und keine einmalige Entscheidung. Erlauben Sie sich Zeit und Raum, um den Heilungsprozess zu durchlaufen.

Maria hatte jahrelang Groll gegen ihren Vater gehegt, der die Familie verlassen hatte, als sie ein Kind war. Die Wut und der Schmerz belasteten sie schwer. Eines Tages entschied sie sich, einen Vergebungsbrief an ihren Vater zu schreiben. Obwohl sie nie eine Antwort erhielt, half ihr der Prozess des Schreibens, ihren inneren Frieden zu finden. Sie spürte, wie die Last von ihren Schultern fiel und sie wieder freier atmen konnte. Maria erkannte, dass Vergebung nicht bedeutet, das Verhalten ihres Vaters zu entschuldigen, sondern sich selbst von der Last der negativen Gefühle zu befreien. Heute spricht sie offen über die heilende Kraft der Vergebung und inspiriert andere, denselben Weg zu gehen.

Kapitel 16: Die Bedeutung von Selbstfürsorge

Selbstfürsorge ist ein essenzieller Bestandteil eines gesunden und ausgeglichenen Lebens. Sie ist nicht egoistisch, sondern notwendig, um unsere physischen, emotionalen und geistigen Batterien aufzuladen. In diesem Kapitel werden wir die verschiedenen Aspekte der Selbstfürsorge erforschen und wie sie uns helfen kann, ein erfülltes Leben zu führen.

Praktische Strategien:

1. **Zeit für sich selbst nehmen**: Planen Sie regelmäßig Zeit ein, um sich selbst zu pflegen, sei es durch Hobbys, Entspannung oder einfach nur Zeit für sich allein.

2. **Gesunde Grenzen setzen**: Lernen Sie, Nein zu sagen, wenn etwas Ihre Gesundheit oder Ihr Wohlbefinden gefährdet. Setzen Sie klare Grenzen, um sich vor Überlastung zu schützen.

3. **Regelmäßige Gesundheitsvorsorge**: Achten Sie auf Ihre körperliche Gesundheit durch regelmäßige Arztbesuche, Bewegung und eine ausgewogene Ernährung.

Eva war eine berufstätige Mutter, die sich immer um andere

kümmerte, aber selten Zeit für sich selbst fand. Sie fühlte sich ausgebrannt und überfordert. Eines Tages beschloss sie, sich selbst mehr Aufmerksamkeit zu schenken. Sie begann, regelmäßig Yoga zu praktizieren, nahm sich Zeit zum Lesen und stellte sicher, dass sie genügend Schlaf bekam. Diese Veränderungen hatten einen positiven Einfluss auf ihr Leben. Sie fühlte sich energiegeladener, ausgeglichener und glücklicher. Eva erkannte, dass Selbstfürsorge kein Luxus, sondern eine Notwendigkeit ist, um sich um andere kümmern zu können. Heute setzt sie sich aktiv für die Wichtigkeit der Selbstfürsorge ein und inspiriert andere, sich selbst zu priorisieren.

Kapitel 17: Die Kunst des Glücklichseins

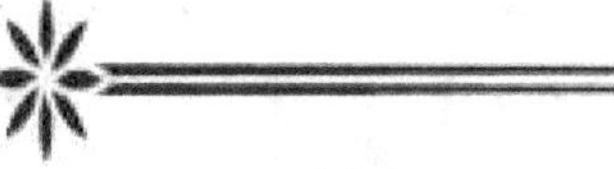

Glück ist ein Zustand, den viele anstreben, aber oft missverstehen. Es ist kein Ziel, das man erreicht, sondern eine Art zu leben. In diesem Kapitel werden wir die verschiedenen Facetten des Glücklichseins erkunden und wie man es in den Alltag integriert.

Praktische Strategien:

1. **Achtsamkeit**: Praktizieren Sie Achtsamkeit, um den gegenwärtigen Moment bewusst zu erleben. Achtsamkeit hilft, den Geist zu beruhigen und das Leben in seiner Fülle zu genießen.

2. **Positive Beziehungen**: Pflegen Sie Beziehungen zu Menschen, die Ihnen guttun und Sie unterstützen. Positive soziale Interaktionen sind ein wichtiger Bestandteil des Glücks.

3. **Sinn finden**: Suchen Sie nach Aktivitäten und Projekten, die Ihrem Leben Bedeutung verleihen. Dies kann ein Hobby, eine ehrenamtliche Tätigkeit oder das Streben nach einem persönlichen Ziel sein.

Leo war ein erfolgreicher Geschäftsmann, der trotz seines Wohlstands oft unglücklich war. Er merkte, dass ihm der Sinn im Leben fehlte. Auf der Suche nach Erfüllung begann er, sich in gemeinnützigen Projekten zu engagieren und

Achtsamkeitsmeditation zu praktizieren. Diese neuen Aktivitäten brachten ihm eine tiefere Freude und Zufriedenheit, als er sie je zuvor erlebt hatte. Leo erkannte, dass wahres Glück nicht durch äußere Erfolge, sondern durch innere Erfüllung und das Geben an andere erreicht wird. Heute lebt er ein erfülltes Leben und ermutigt andere, das Glück in den einfachen Dingen zu finden.

Kapitel 18: Die Bedeutung von Zielstrebigkeit

Zielstrebigkeit ist die Fähigkeit, auf ein Ziel hinzuarbeiten, auch wenn die Umstände schwierig sind. Es ist das Fundament, auf dem große Erfolge gebaut werden. In diesem Kapitel werden wir uns darauf konzentrieren, wie man Zielstrebigkeit entwickelt und beibehält, um seine Träume zu verwirklichen.

Praktische Strategien:

1. **Langfristige Vision**: Entwickeln Sie eine klare langfristige Vision für Ihr Leben. Diese Vision sollte Ihre größten Wünsche und Ziele umfassen und Ihnen als Leitstern dienen.

2. **Meilensteine setzen**: Unterteilen Sie Ihre langfristigen Ziele in kleinere, erreichbare Meilensteine. Diese Schritte helfen Ihnen, Fortschritte zu sehen und motiviert zu bleiben.

3. **Beharrlichkeit kultivieren**: Üben Sie sich in Geduld und Ausdauer. Zielstrebigkeit bedeutet, auch in schwierigen Zeiten durchzuhalten und sich nicht entmutigen zu lassen.

Lisa hatte schon immer den Traum, ihre eigene Bäckerei zu

eröffnen. Doch die finanziellen Mittel und der Mut fehlten ihr, um diesen Traum zu verwirklichen. Sie begann, sich neben ihrem Vollzeitjob als Konditorin weiterzubilden und sparte jeden Cent, den sie konnte. Nach einigen Jahren harter Arbeit und konsequentem Sparen hatte sie genug Kapital, um ihren Traum zu realisieren. Trotz anfänglicher Rückschläge und Herausforderungen blieb Lisa zielstrebig und eröffnete schließlich ihre eigene Bäckerei. Heute ist sie eine erfolgreiche Unternehmerin und ein lebendes Beispiel dafür, dass Zielstrebigkeit und Ausdauer zum Erfolg führen.

Kapitel 19: Die Kraft der Vision

"Eine starke Vision ist der Kompass, der uns durch die Stürme des Lebens führt."

Eine klare Vision gibt unserem Leben Richtung und Zweck. Sie hilft uns, unsere Ziele zu definieren und den Fokus zu behalten, auch wenn die Dinge schwierig werden. In diesem Kapitel werden wir darüber sprechen, wie man eine kraftvolle Vision für sein Leben entwickelt und warum sie so wichtig ist.

Praktische Strategien:

1. **Visualisierung**: Nutzen Sie die Technik der Visualisierung, um sich Ihre Zukunft lebhaft vorzustellen. Stellen Sie sich vor, wie Ihr Leben aussehen wird, wenn Sie Ihre Ziele erreicht haben.

2. **Vision Board erstellen**: Erstellen Sie ein Vision Board mit Bildern, Zitaten und Symbolen, die Ihre Träume und Ziele darstellen. Hängen Sie es an einen Ort, an dem Sie es täglich sehen können.

3. **Regelmäßige Überprüfung und Anpassung**: Überprüfen Sie regelmäßig Ihre Vision und passen Sie sie bei Bedarf an. Das Leben ist dynamisch, und es ist wichtig, flexibel zu bleiben und Ihre Vision anzupassen, wenn sich Ihre Ziele oder Umstände ändern.

Maximilian hatte den Traum, eines Tages als Architekt die

Skyline einer großen Stadt zu prägen. Er war entschlossen, diesen Traum zu verfolgen, auch wenn der Weg dorthin lang und herausfordernd war. Er begann, ein Vision Board zu erstellen, das seine Träume und Ziele darstellte. Jeden Morgen nahm er sich Zeit, sich seine Vision vor Augen zu führen und sich vorzustellen, wie es sich anfühlen würde, diese zu erreichen. Diese tägliche Praxis half ihm, fokussiert und motiviert zu bleiben, auch in schwierigen Zeiten. Heute ist Maximilian ein erfolgreicher Architekt, der stolz darauf ist, seine Vision in die Realität umgesetzt zu haben.

Kapitel 20: Die Bedeutung von Integrität

"Integrität bedeutet, das Richtige zu tun, selbst wenn niemand zusieht."

Integrität ist ein grundlegender Wert, der Vertrauen schafft und eine solide Grundlage für Erfolg und Erfüllung bildet. Sie bedeutet, nach hohen moralischen Standards zu leben und ehrlich zu sich selbst und anderen zu sein. In diesem Kapitel werden wir die Bedeutung von Integrität untersuchen und wie sie unser Leben bereichern kann.

Praktische Strategien:

1. **Ehrlichkeit zu sich selbst**: Seien Sie ehrlich zu sich selbst über Ihre Stärken, Schwächen und Absichten. Selbsttäuschung kann langfristig mehr Schaden anrichten als helfen.

2. **Verantwortung übernehmen**: Übernehmen Sie Verantwortung für Ihre Handlungen und Entscheidungen. Integrität bedeutet, zu seinen Fehlern zu stehen und daraus zu lernen.

3. **Ethische Entscheidungen treffen**: Treffen Sie Entscheidungen basierend auf Ihren Werten und Prinzipien, auch wenn dies manchmal schwierig ist. Integrität bedeutet, dem inneren Kompass treu zu bleiben.

Alexander war ein angesehener Anwalt, der in einer

schwierigen Situation auf die Probe gestellt wurde. Ein wohlhabender Klient bot ihm eine beträchtliche Summe an, um ein dubioses Geschäft zu vertuschen. Trotz des finanziellen Anreizes entschied sich Alexander, seinen Prinzipien treu zu bleiben und lehnte das Angebot ab. Er wusste, dass sein Ruf und sein Gewissen unbezahlbar waren. Seine Entscheidung kostete ihn zwar den Klienten, aber sie festigte sein Ansehen als Mann von Integrität und Prinzipien. Alexander's Geschichte zeigt, dass Integrität eine der wertvollsten Tugenden ist, die man besitzen kann.

Kapitel 21: Die Kraft der Empathie

Empathie ist die Fähigkeit, die Gefühle und Perspektiven anderer zu verstehen und zu teilen. Sie ist ein entscheidender Faktor für zwischenmenschliche Beziehungen und hilft uns, mitfühlender und verständnisvoller zu sein. In diesem Kapitel werden wir die Bedeutung der Empathie in unserem Leben und wie sie unsere Beziehungen bereichern kann, erforschen.

Praktische Strategien:

1. **Aktives Zuhören**: Üben Sie sich im aktiven Zuhören, um wirklich zu verstehen, was andere sagen. Dies bedeutet, aufmerksam zu sein und sich in die Lage des anderen zu versetzen.

2. **Emotionale Intelligenz entwickeln**: Arbeiten Sie daran, Ihre eigene emotionale Intelligenz zu entwickeln, um Ihre eigenen und die Gefühle anderer besser zu verstehen.

3. **Mitgefühl zeigen**: Zeigen Sie Mitgefühl in Ihren täglichen Interaktionen. Kleine Gesten der Freundlichkeit können einen großen Unterschied im Leben eines anderen machen.

Clara arbeitete als Krankenschwester in einem überfüllten

Krankenhaus. Eines Tages traf sie auf einen älteren Patienten, der sich oft beschwerte und schwierig war. Anstatt ihn zu verurteilen, nahm sie sich die Zeit, ihm zuzuhören und herauszufinden, warum er so reagierte. Sie erfuhr, dass er vor Kurzem seine Frau verloren hatte und sich einsam fühlte. Mit dieser neuen Perspektive zeigte Clara mehr Mitgefühl und verbrachte zusätzliche Zeit mit ihm. Diese einfache Geste machte einen großen Unterschied in seinem Wohlbefinden. Clara's Geschichte zeigt, wie Empathie und Mitgefühl das Leben anderer positiv beeinflussen können.

Kapitel 22: Die Bedeutung des persönlichen Wachstums

"Wachstum beginnt, wenn wir unsere Komfortzone verlassen."

Persönliches Wachstum ist ein lebenslanger Prozess, der uns hilft, unser Potenzial voll auszuschöpfen. Es bedeutet, sich kontinuierlich zu verbessern und neue Fähigkeiten zu entwickeln. In diesem Kapitel werden wir die Bedeutung des persönlichen Wachstums untersuchen und wie man es aktiv in sein Leben integrieren kann.

Praktische Strategien:

1. **Ständige Weiterbildung**: Suchen Sie ständig nach Möglichkeiten, neues Wissen zu erwerben. Lesen Sie Bücher, nehmen Sie an Kursen teil und bleiben Sie neugierig.

2. **Komfortzone verlassen**: Wagen Sie sich regelmäßig aus Ihrer Komfortzone heraus. Dies fördert Wachstum und hilft Ihnen, neue Fähigkeiten und Stärken zu entdecken.

3. **Selbstreflexion**: Nehmen Sie sich regelmäßig Zeit, um über Ihre Fortschritte nachzudenken und neue Ziele zu setzen. Selbstreflexion hilft, Klarheit über Ihre Stärken und Schwächen zu gewinnen.

Tom war ein erfolgreicher Geschäftsmann, der das Gefühl hatte, in seiner Karriere festzustecken. Er entschied sich, neue

Herausforderungen anzunehmen und begann, sich in Bereiche zu wagen, die außerhalb seiner Komfortzone lagen. Er nahm an öffentlichen Redekursen teil und lernte, wie man effektiver kommuniziert. Diese Erfahrung half ihm nicht nur, seine Karriere voranzutreiben, sondern auch persönliches Wachstum zu erfahren. Tom erkannte, dass das Verlassen der Komfortzone und das Streben nach kontinuierlichem Wachstum der Schlüssel zu einem erfüllten Leben sind.

Kapitel 23: Die Kraft der Entschlossenheit

"Entschlossenheit ist der Unterschied zwischen einem Traum und einer Realität."

Entschlossenheit ist die feste Überzeugung, ein Ziel zu erreichen, trotz aller Widrigkeiten. Es ist der innere Antrieb, der uns vorantreibt, wenn die Umstände schwierig werden. In diesem Kapitel werden wir die Bedeutung der Entschlossenheit und wie sie als Motor für Erfolg dienen kann, untersuchen.

Praktische Strategien:

1. **Klares Ziel**: Haben Sie ein klares und konkretes Ziel vor Augen. Ein klar definierter Endpunkt hilft, den Fokus zu behalten und Entschlossenheit zu fördern.

2. **Selbstmotivation**: Finden Sie persönliche Gründe, warum Ihnen das Erreichen dieses Ziels wichtig ist. Diese Gründe können als ständige Motivation dienen.

3. **Rückschläge akzeptieren**: Sehen Sie Rückschläge als Teil des Prozesses. Entschlossenheit bedeutet nicht, keine Misserfolge zu erleben, sondern aus ihnen zu lernen und weiterzumachen.

Felix war ein junger Marathonläufer, der davon träumte, an den Olympischen Spielen teilzunehmen. Ein schwerer Unfall schien diesen Traum jedoch zu zerstören. Trotz der skeptischen Prognosen der Ärzte blieb Felix entschlossen, wieder zu laufen. Er durchlief eine intensive Rehabilitation und begann langsam, seine Laufkarriere wieder aufzubauen. Mit unerschütterlicher Entschlossenheit trainierte er härter als je zuvor. Schließlich erfüllte er sich seinen Traum und qualifizierte sich für die Olympischen Spiele. Felix's Geschichte zeigt, dass Entschlossenheit und Beharrlichkeit selbst die größten Hindernisse überwinden können.

Kapitel 24: Die Bedeutung der Flexibilität

"Flexibilität ist die Fähigkeit, sich an veränderte Umstände anzupassen, ohne das Ziel aus den Augen zu verlieren."

Flexibilität ist die Fähigkeit, sich an neue Situationen anzupassen und auf Veränderungen zu reagieren. Sie ist entscheidend, um in einer sich ständig wandelnden Welt erfolgreich zu sein. In diesem Kapitel werden wir die Bedeutung von Flexibilität und wie sie uns helfen kann, Herausforderungen zu meistern, erforschen.

Praktische Strategien:

1. **Offenheit für Veränderungen**: Akzeptieren Sie, dass Veränderungen unvermeidlich sind. Sehen Sie sie als Chancen für Wachstum und Innovation.

2. **Anpassungsfähigkeit**: Lernen Sie, flexibel zu sein und Ihre Pläne anzupassen, wenn es notwendig ist. Dies kann bedeuten, neue Wege zu erkunden oder alte Strategien zu überdenken.

3. **Stressbewältigung**: Entwickeln Sie Techniken zur Stressbewältigung, um in Zeiten der Veränderung ruhig und fokussiert zu bleiben.

Nina war eine talentierte Musikerin, deren Karriere durch eine plötzliche Veränderung in der Musikindustrie ins Stocken geriet. Anstatt sich entmutigen zu lassen, entschied sie sich, ihre Fähigkeiten anzupassen und neue Wege zu finden, um ihre Musik zu verbreiten. Sie begann, online Konzerte zu geben und nutzte soziale Medien, um eine neue Fangemeinde aufzubauen. Ihre Flexibilität ermöglichte es ihr, nicht nur ihre Karriere zu retten, sondern sie auch in neue Höhen zu führen. Ninas Geschichte ist ein Beweis dafür, dass Flexibilität und Anpassungsfähigkeit in Zeiten des Wandels entscheidend sind.

Kapitel 25: Die Macht der positiven Affirmationen

"Was wir uns immer wieder sagen, prägt unsere Realität."

Positive Affirmationen sind kraftvolle Aussagen, die dazu beitragen können, unser Denken und unsere Wahrnehmung zu verändern. Sie können uns helfen, unser Selbstbild zu stärken und unsere Ziele zu erreichen. In diesem Kapitel werden wir die Wissenschaft hinter positiven Affirmationen und wie sie unser Leben verbessern können, erforschen.

Praktische Strategien:

1. **Tägliche Affirmationen**: Integrieren Sie positive Affirmationen in Ihre tägliche Routine. Wiederholen Sie sie jeden Morgen, um den Tag mit einer positiven Einstellung zu beginnen.

2. **Personalisiert und spezifisch**: Gestalten Sie Ihre Affirmationen spezifisch und persönlich. Sie sollten Ihre individuellen Ziele und Wünsche widerspiegeln.

3. **Visualisierung**: Verbinden Sie Ihre Affirmationen mit visuellen Vorstellungen. Stellen Sie sich vor, wie es sich anfühlt, Ihre Ziele zu erreichen.

Jonas hatte jahrelang mit geringem Selbstwertgefühl zu kämpfen. Auf Anraten eines Mentors begann er, täglich positive Affirmationen zu nutzen, um sein Selbstbild zu verbessern. Er sagte sich jeden Morgen Sätze wie „Ich bin stark und fähig" und „Ich verdiene Erfolg und Glück". Anfangs fühlte es sich ungewohnt an, aber mit der Zeit bemerkte Jonas eine positive Veränderung in seinem Denken und Verhalten. Er wurde selbstbewusster und begann, neue Herausforderungen anzunehmen. Jonas' Erfahrung zeigt, dass positive Affirmationen ein mächtiges Werkzeug zur Selbsttransformation sein können.

Kapitel 26: Die Kraft des positiven Denkens

Positives Denken ist mehr als nur eine optimistische Einstellung. Es ist eine mentale Gewohnheit, die uns hilft, Herausforderungen mit einem konstruktiven Ansatz zu begegnen und das Beste aus jeder Situation zu machen. In diesem Kapitel werden wir die Vorteile des positiven Denkens und wie es unser Leben verändern kann, erforschen.

Praktische Strategien:

1. **Negative Gedanken erkennen**: Lernen Sie, negative Gedankenmuster zu erkennen und zu hinterfragen. Ersetzen Sie sie durch positive und konstruktive Gedanken.

2. **Dankbarkeit praktizieren**: Fokussieren Sie sich auf die positiven Aspekte Ihres Lebens. Dankbarkeit hilft, eine positive Einstellung zu fördern.

3. **Umgang mit Rückschlägen**: Sehen Sie Rückschläge als Lernmöglichkeiten. Ein positiver Ansatz hilft, sich schneller zu erholen und weiterzumachen.

Sara war eine junge Frau, die sich nach einem schweren Autounfall in einem emotionalen Tief befand. Sie hatte das Gefühl, dass ihr Leben aus den Fugen geraten war. Ein Freund schlug ihr vor, sich auf die positiven Dinge in ihrem Leben zu konzentrieren. Sara begann, ein Dankbarkeitstagebuch zu führen und ihre Gedanken bewusst positiv zu gestalten. Sie erkannte, dass sie trotz der Herausforderungen viele Dinge hatte, für die sie dankbar sein konnte. Diese Veränderung in ihrer Denkweise half ihr, neue Kraft zu finden und sich auf ihre Genesung zu konzentrieren. Saras Geschichte zeigt, dass positives Denken selbst in schwierigen Zeiten zu einer Quelle der Stärke werden kann.

Kapitel 27: Die Kunst der Resilienz

Resilienz ist die Fähigkeit, sich von Rückschlägen zu erholen und gestärkt daraus hervorzugehen. Sie ist eine wichtige Eigenschaft, um in einer Welt voller Herausforderungen erfolgreich zu sein. In diesem Kapitel werden wir die Elemente der Resilienz und wie man sie entwickeln kann, untersuchen.

Praktische Strategien:

1. **Selbstfürsorge**: Achten Sie auf Ihre körperliche und emotionale Gesundheit. Eine starke Resilienz beginnt mit einem gesunden Körper und Geist.

2. **Netzwerk aufbauen**: Umgeben Sie sich mit unterstützenden Menschen. Ein starkes soziales Netzwerk kann eine wichtige Stütze in schwierigen Zeiten sein.

3. **Positive Sichtweise**: Kultivieren Sie eine positive Einstellung und fokussieren Sie sich auf Lösungen statt auf Probleme.

Leo verlor bei einer Wirtschaftskrise seinen Job und stand vor einer unsicheren Zukunft. Anstatt sich entmutigen zu lassen, nutzte er die Situation als Chance, sich neu zu orientieren. Er begann, sich in neuen Bereichen weiterzubilden und fand schließlich eine neue Berufung, die ihn erfüllte. Leo's Resilienz half ihm, nicht nur seine berufliche Situation zu überwinden, sondern auch neue Wege zu finden, um sein Leben zu bereichern. Seine Geschichte zeigt, dass Resilienz nicht nur das Überwinden von Rückschlägen bedeutet, sondern auch das Finden neuer Möglichkeiten inmitten von Herausforderungen.

Dieses Buch nähert sich seinem Ende, aber die Reise zu persönlichem Wachstum und Selbstentfaltung ist niemals abgeschlossen. Jeder Tag bietet neue Chancen, zu lernen, zu wachsen und sich weiterzuentwickeln. Die Kapitel, die Sie bisher gelesen haben, bieten eine Vielzahl von Werkzeugen und Einsichten, um ein erfülltes und erfolgreiches Leben zu führen. Nutzen Sie diese Werkzeuge, um Ihre eigene Geschichte zu schreiben und die beste Version Ihrer selbst zu werden.

Kapitel 28: Die Weisheit der tibetischen Lehren

"Der Weg zur inneren Harmonie beginnt mit der Reise nach innen."

Die tibetischen Lehren sind reich an Weisheit und spirituellen Praktiken, die uns helfen können, ein erfülltes und ausgeglichenes Leben zu führen. Diese Lehren betonen die Bedeutung von Mitgefühl, Achtsamkeit und dem Streben nach innerem Frieden. In diesem Kapitel werden wir untersuchen, wie tibetische Lehren uns motivieren können, ein bewusstes und sinnvolles Leben zu führen.

Praktische Strategien:

1. **Achtsamkeit und Meditation**: Die Praxis der Meditation ist ein zentraler Bestandteil der tibetischen Lehren. Regelmäßige Meditation kann helfen, den Geist zu beruhigen, Klarheit zu finden und sich mit dem inneren Selbst zu verbinden.

2. **Mitgefühl kultivieren**: Die tibetischen Lehren betonen die Bedeutung von Mitgefühl für alle Lebewesen. Üben Sie sich darin, mitfühlend zu sein, sowohl mit sich selbst als auch mit anderen.

3. **Das Rad des Lebens verstehen**: Das tibetische Konzept des "Samsara" beschreibt den Kreislauf von Geburt, Tod und Wiedergeburt. Das Verständnis dieses Zyklus kann uns helfen, die Vergänglichkeit des Lebens zu schätzen und uns

auf das Wesentliche zu konzentrieren.

Tenzin war ein junger Mann, der sich oft verloren und ziellos fühlte. Eines Tages stieß er auf die tibetischen Lehren und begann, Meditation zu praktizieren. Durch diese Praxis fand er einen tieferen Sinn im Leben und erkannte die Wichtigkeit von Mitgefühl und Achtsamkeit. Er begann, bewusster zu leben und seine täglichen Handlungen mit mehr Bedacht und Liebe zu füllen. Tenzins Transformation zeigt, wie die Weisheit der tibetischen Lehren uns auf dem Weg zu einem erfüllteren und ausgeglicheneren Leben leiten kann.

Abschluss: Der Weg zu einem erfüllten Leben

"Der Schlüssel zu einem erfüllten Leben liegt darin, mutig den eigenen Weg zu gehen und dabei die Schönheit des Augenblicks zu genießen."

Ein erfülltes Leben ist nicht das Ergebnis eines einzelnen Erfolgs, sondern die Summe vieler kleiner Schritte, Entscheidungen und Erlebnisse

Einleitung zum Ende mit Zitaten

Nun, da du die letzten Seiten dieses Buches erreicht hast, lade ich dich ein, einen Moment innezuhalten und über die Reise nachzudenken, die wir gemeinsam unternommen haben. Jeder von uns ist auf seiner eigenen Reise, sei es in Momenten des Triumphs oder der Herausforderung, in Zeiten der Freude oder des Schmerzes. Dieses Buch ist ein Begleiter auf deinem Weg, ein stiller Ratgeber und ein Spiegel, in dem du deine eigene Stärke, deine Träume und dein wahres Selbst erkennen kannst.

Die Worte, die du gelesen hast, sind nicht nur einfache Sätze, sondern Funken der Weisheit, geboren aus Erfahrung und Reflexion. Sie sollen dich dazu anregen, über dein eigenes Leben nachzudenken, über die Entscheidungen, die du triffst, und die Wege, die du gehst. Jeder Abschnitt, jedes Zitat ist ein kleiner Anker, der dich in stürmischen Zeiten halten kann und ein Leuchtfeuer, das dir in dunklen Nächten den Weg weist.

In der Einsamkeit findest du die Freiheit, tief in dich selbst hineinzuschauen und deine wahre Stärke zu erkennen. In der Herausforderung entdeckst du den Mut, weiterzugehen, auch wenn der Weg steinig ist. Und in den kleinen Momenten des Alltags findest du die Schönheit und die Freude, die das Leben so reich und bedeutungsvoll machen.

Dieses Buch endet hier, aber deine Reise geht weiter. Nimm die Weisheiten, die du hier gefunden hast, mit dir. Lass sie dich inspirieren und leiten. Die richtigen Fragen zu stellen und den Mut zu haben, deine eigenen Gedanken zu denken, wird Türen zu neuen Welten öffnen. Und denke daran, dass du nicht alleine bist. Die Suche nach Wahrheit und Weisheit ist eine Reise, die wir alle teilen.

Möge dein Herz immer den Weg kennen, mögest du stets den Mut haben, ihm zu folgen, und mögest du immer den Frieden und die Freude finden, die in dir selbst liegen. Das Ende dieses Buches ist nur der Anfang eines neuen Kapitels in deinem Leben. Schreibe es mit Leidenschaft, lebe es mit Liebe und träume ohne Grenzen.

Zitate zum Nachdenken

Der erste Schritt ist der wichtigste, denn er führt zu allen anderen."

"Ein Mensch wird einsam, wenn er mehr weiß als andere, aber in dieser Einsamkeit liegt die Freiheit, selbst zu denken."

"Es ist leicht, der Masse zu folgen, aber schwer, den Mut zu haben, seine eigenen Gedanken zu denken."

"Du bist, was du tust, nicht was du versprichst zu tun. Taten sind die wahren Worte deines Herzens."

"Die richtige Frage zu stellen, öffnet Türen zu Welten,
die du nie gekannt hast."

"Ehrlichkeit mag dich isolieren, aber sie wird dir die
wahren Begleiter bringen, die deine Seele nährt."

"Sich um die Meinung anderer zu sorgen, ist wie das
Tragen von Ketten, die du selbst schmiedest."

"Binde dein Herz nicht an flüchtige Schatten;
Menschen verändern sich, aber wahre Liebe bleibt."

"Fürchte dich nicht vor der Einsamkeit, sie ist ein
Spiegel, in dem du dein wahres Selbst erkennst."

"Die Menschen, die am meisten fordern, geben oft am
wenigsten. Wähle deine Weggefährten mit Bedacht."

"Wenn der Zorn in dir aufsteigt, frage dich: Wird das
in fünf Jahren wichtig sein? Oft ist die Antwort nein."

"Ein Lächeln in Zeiten der Traurigkeit kann ein
Sonnenstrahl in dunkler Nacht sein."

"Das Scheitern ist kein Ende, sondern der Anfang eines
neuen Kapitels."

"Die Welt verändert sich, aber deine innere Stärke ist
der Fels, an dem du dich festhalten kannst."

"Jeder Tag ist eine neue Chance, die Geschichte deines
Lebens umzuschreiben."

"Gib nicht auf, auch wenn der Weg steinig ist. Hinter
jedem Hügel wartet eine neue Aussicht."

"Deine Träume sind die Sterne, die deinen
Nachthimmel erleuchten."

"Habe den Mut, anders zu sein, denn das Gewöhnliche ist nur der Schatten des Außergewöhnlichen."

"In der Stille findest du die Antworten, die der Lärm der Welt übertönt."

"Deine Gedanken sind die Samen, aus denen die Früchte deines Lebens wachsen."

"Sei ein Licht für andere, auch wenn dein eigener Weg dunkel ist."

"Der wahre Reichtum liegt nicht in dem, was du besitzt, sondern in dem, was du gibst."

"Jede Herausforderung ist eine Gelegenheit, deine Stärke zu zeigen."

"Dein Herz kennt den Weg, folge ihm und du wirst nie verirrt sein."

"Vergebung ist der Schlüssel zur Freiheit deines Herzens."

"Mut ist nicht die Abwesenheit von Angst, sondern die Entscheidung, weiterzugehen trotz der Angst."

"Das Leben ist ein Tanz, und du bist der Tänzer. Lass die Musik dich führen."

"Die Vergangenheit ist ein Lehrer, aber die Gegenwart ist der Moment, in dem du lebst."

"Die Schönheit des Lebens liegt in den kleinen Dingen, die wir oft übersehen."

"Deine Träume sind die Flügel, die dich in die Höhen tragen, von denen du immer geträumt hast."

"Jede Begegnung, jeder Moment ist eine Chance, etwas Neues zu lernen."

"Lebe dein Leben mit Leidenschaft, liebe ohne Bedingungen und träume ohne Grenzen."

"In der Dunkelheit deiner Ängste leuchtet das Licht deiner Hoffnungen am hellsten."

"Jeder Tag ist ein leeres Blatt, auf dem du deine Geschichte schreiben kannst."

"Glaube an das Unmögliche, denn nur dann wird es möglich."

"Die wahren Abenteuer liegen nicht in fernen Ländern, sondern in den Tiefen deines eigenen Herzens."

"Veränderung beginnt in dem Moment, in dem du aufstehst und handelst."

"Wahre Stärke zeigt sich darin, wie oft du wieder aufstehst, nicht wie oft du fällst."

"Ein gesunder Körper führt zu einem gesunden Geist; beides ist ein wertvoller Schatz."

"Dein heutiges Ich formt das Morgen; entscheide weise."

"Hindernisse sind Chancen in Verkleidung; ergreife sie."

"Erfolg ist die Summe kleiner Bemühungen, die Tag für Tag wiederholt werden."

"Es ist nicht das Ziel, das zählt, sondern die Reise, die du unternimmst."

"Deine Gedanken formen deine Realität; denke positiv und handle entschlossen."

"Du bist stärker als jede Herausforderung, der du gegenüberstehst."

"Jede Entscheidung ist ein Schritt in Richtung deines besseren Selbst."

"Wer ständig seine Komfortzone verlässt, wächst über sich hinaus."

"Jeder Tag ist eine neue Chance, besser zu werden als gestern."

"Erfolg kommt nicht zu denen, die warten, sondern zu denen, die handeln."

"Die einzige Grenze ist die, die du dir selbst setzt."

"Das Geheimnis des Erfolges liegt in der Beharrlichkeit."

"Mut bedeutet nicht, keine Angst zu haben, sondern trotz der Angst zu handeln."

"Wer sich selbst besiegt, ist der größte Krieger."

"Ein gesunder Geist wohnt in einem gesunden Körper; pflege beides."

"Jeder kleine Fortschritt ist ein Schritt in die richtige Richtung."

"Die Reise zur Selbstverbesserung beginnt mit einem einzigen Schritt."

"Deine Ziele sind erreichbar, wenn du den Mut hast,

an sie zu glauben."

"Erfolg ist das Ergebnis konsequenter Anstrengung."

"Nichts ist unmöglich für den, der den Willen hat."

"Ein gesunder Lebensstil ist das Fundament eines erfüllten Lebens."

"Selbstdisziplin ist der Schlüssel zu deinem Erfolg."

"Deine Zukunft wird von dem geformt, was du heute tust, nicht von dem, was du morgen tust."

"Stärke entsteht durch Herausforderungen, nicht durch Bequemlichkeit."

"Jede Herausforderung ist eine Gelegenheit, stärker zu werden."

"Erfolg ist die Belohnung für den, der nie aufgibt."

"Ein gesunder Körper ist der erste Schritt zu einem glücklichen Leben."

"Die größten Erfolge entstehen aus den kleinsten Anfängen."

"Der Weg zu einem besseren Selbst beginnt mit einer gesunden Entscheidung."

"Deine Gesundheit ist dein wertvollster Besitz; schätze sie."

"Wahre Größe zeigt sich in der Fähigkeit, sich selbst zu überwinden."

"Disziplin ist die Brücke zwischen Zielen und

Ergebnissen."

"Jeder Tag ist eine neue Chance, deinen Träumen näher zu kommen."

"Ein gesundes Leben ist ein glückliches Leben; lebe es bewusst."

"Der Schlüssel zum Erfolg ist, immer weiterzumachen, egal was passiert."

"Dein Körper ist ein Tempel; behandle ihn mit Respekt."

"Verliere nie den Glauben an dich selbst; du bist zu Großem fähig."

"Jede gesunde Entscheidung bringt dich näher zu deinem besten Selbst."

"Erfolg ist das Ergebnis harter Arbeit und Entschlossenheit."

"Der einzige Weg, das Unmögliche zu erreichen, ist zu glauben, dass es möglich ist."

"Ein gesunder Lebensstil beginnt mit einer positiven Einstellung."

"Jeder Schritt, den du machst, bringt dich näher zu deinen Zielen."

"Dein Wille ist stärker als jede Herausforderung."

"Erfolg bedeutet, seine Träume zu verfolgen, trotz aller Hindernisse."

"Gesundheit ist nicht nur das Fehlen von Krankheit,

sondern ein Zustand des Wohlbefindens."

"Du bist der Schöpfer deiner eigenen Realität; gestalte sie weise."

"Glaube an dich selbst und du wirst unaufhaltsam sein."

"Jeder Tag ist eine neue Gelegenheit, deine Ziele zu verfolgen."

"Ein gesunder Körper ist der Schlüssel zu einem erfüllten Leben."

"Erfolg kommt zu denen, die bereit sind, dafür zu arbeiten."

"Dein Geist ist mächtiger als du denkst; nutze seine Kraft."

"Die größte Reise beginnt mit einem einzigen Schritt."

"Dein Körper ist dein Zuhause; sorge dafür, dass es ihm gut geht."

"Es gibt keine Grenzen, außer denen, die du dir selbst setzt."

"Jeder kleine Fortschritt ist ein Schritt in die richtige Richtung."

"Ein gesunder Lebensstil ist das Fundament für ein glückliches Leben."

"Du bist fähig zu mehr, als du dir vorstellen kannst."

"Erfolg ist das Ergebnis harter Arbeit und Ausdauer."

"Jeder Tag ist eine neue Gelegenheit, besser zu werden."

"Gesundheit ist Reichtum; investiere in sie."

"Die größte Belohnung kommt nach der größten Anstrengung."

"Deine Gedanken formen deine Realität; denke positiv."

"Erfolg ist das Ergebnis von Leidenschaft und Entschlossenheit."

"Dein Körper ist dein größtes Geschenk; behandle ihn gut."

"Jede gesunde Entscheidung bringt dich deinem Ziel näher."

"Dein Wille ist stärker als jede Herausforderung."

"Jeder Tag ist eine neue Chance, deinen Träumen näher zu kommen."

"Ein gesunder Körper ist der Schlüssel zu einem glücklichen Leben."

"Erfolg kommt zu denen, die bereit sind, dafür zu arbeiten."

"Dein Geist ist mächtiger, als du denkst; nutze seine Kraft."

"Die größte Reise beginnt mit einem einzigen Schritt."

"Dein Körper ist dein Zuhause; sorge dafür, dass es ihm gut geht."

"Es gibt keine Grenzen, außer denen, die du dir selbst setzt."

"Jeder kleine Fortschritt ist ein Schritt in die richtige Richtung."

"Ein gesunder Lebensstil ist das Fundament für ein glückliches Leben."

"Du bist fähig zu mehr, als du dir vorstellen kannst."

"Erfolg ist das Ergebnis harter Arbeit und Ausdauer."

"Jeder Tag ist eine neue Gelegenheit, besser zu werden."

"Gesundheit ist Reichtum; investiere in sie."

"Die größte Belohnung kommt nach der größten Anstrengung."

"Deine Gedanken formen deine Realität; denke positiv."

"Erfolg ist das Ergebnis von Leidenschaft und Entschlossenheit."

"Dein Körper ist dein größtes Geschenk; behandle ihn gut."

"Jede gesunde Entscheidung bringt dich deinem Ziel näher."

"Dein Wille ist stärker als jede Herausforderung."

"Jeder Tag ist eine neue Chance, deinen Träumen näher zu kommen."

"Ein gesunder Körper ist der Schlüssel zu einem

glücklichen Leben."

"Erfolg kommt zu denen, die bereit sind, dafür zu arbeiten."

"Dein Geist ist mächtiger, als du denkst; nutze seine Kraft."

"Die größte Reise beginnt mit einem einzigen Schritt."

"Dein Körper ist dein Zuhause; sorge dafür, dass es ihm gut geht."

"Es gibt keine Grenzen, außer denen, die du dir selbst setzt."

"Jeder kleine Fortschritt ist ein Schritt in die richtige Richtung."

"Ein gesunder Lebensstil ist das Fundament für ein glückliches Leben."

"Du bist fähig zu mehr, als du dir vorstellen kannst."

"Erfolg ist das Ergebnis harter Arbeit und Ausdauer."

www.ingramcontent.com/pod-product-compliance
Lightning Source LLC
Chambersburg PA
CBHW061045250726
48653CB00001B/256